U0746993

吕思勉 著

吕思勉手稿珍本叢刊

中國古代史札録

34

宫室

火政

第三十四册目録

宫室

宮室提要

「宮室」一包札録，内分「宮室」「宮室上」「宮室中」「宮室下」和「建築」五札。大部分是呂先生從《史記》《漢書》《晉書》《隋書》等史籍上摘録的資料，也有一些是讀《吾學録》《癸巳類稿》《文化人類學》及報刊雜誌時做的筆記。

呂先生的札録，通常在天頭或紙角寫有類别名稱，如「宮室」「城郭」「營造」「建築」等，有些在右側或頂格寫有題頭。札録上的資料，多是節録或剪貼史籍的原文，並注明篇名卷第，如第一頁「秦築長城之所起」注見《晉書·地理志》「十四〡〡下」（即卷一四第十一頁反面）。有些未録原文的，在題頭下記録史料的出處，如第八四頁「白楊甚屋材」注見《齊民要術》「五〣下」（即卷五第三頁反面）。札録中也有不少加了按語，如第一四頁「屋皆平上」録《唐書·吐蕃傳》的資料，按「蓋其地少雨」。第一五〇頁録《史記·項羽本紀》的資料，「勉案此亦可見長城以防寇鈔也」等。

「宮室」一包（尤其是第三札），内有不少剪報資料，此次整理只收録了一小部分；札録的手稿部分，均按原樣影印刊出。

營造（長城）

「秦築長城之所起」曰晉書地理志樂浪郡遂城縣（十の11上）

北史魏本紀太宗泰常四年十二月丁巳 北巡至長城而還（二11上）

蓋此當是築長城」

營造（長城）

魏書太宗紀：泰常八年二月戊辰，築長城於長川之南，起自赤城，西至五原，延袤二千餘里，備置戍衛。（三6上）

又世祖紀：太平真君七年六月丙戌，發司幽定冀四州十萬人築畿上塞圍，起上谷，西至於河，廣袤皆千里。（四下4上）九年二月，罷塞圍作。（4下）事時蓋吳兵勢方盛

魏書源懷（賀傳 賀子，延之弟）思禮以賜名懷。正始元年九月，有告蠕蠕率十二萬騎六道並進，欲直趨沃野懷朔，南寇恆代。詔懷以本官加使持節、侍中，出據北蕃，指授規略，隨須徵發，諸所處分，皆以便宜從事。……懷至雲中，蠕蠕亡遁。懷旋至恆代，案視諸鎮左右要害

之地，可以築城置戍之處，皆量其高下，揣其厚薄，及儲糧積仗之宜，犬牙相救之勢。凡表五十八條，表曰：蠕蠕不羈，自古而爾。游魂鳥集，水草為家，中國莫與，皆斯類耶。歷代驅逐，莫之能制。雖北拓榆中，遠臨瀚海，而智臣勇將，力算俱竭，始令遠遁，中國以疲。於時賢哲思造化之至理，推生民之習藝，量夫中夏粮食邑居之知鑿衣儒步之士，蓑表茹毛飲血之類，各宿穴居之徒。叙校短長，固宜防都。知城郭之固，暨芽而起。自皇叔統撫於平城，威震天下，標範守禦。今定鼎成周，去北遙遠，代表諸蕃北固，高車外叛，尋遭旱儉，戎馬甲兵，十分耗八。去歲復鎮陰山，庶事蕩盡。遣尚書郎中韓貞、宋世量等檢行要險，防遏形便，請準舊鎮。

东西相望。今形势相接。筑城置戍。分兵要害。劝农积粟。警急之日。随便翦讨。如此。则威形增广。兵势亦盛。且北方沙漠。夏乏水草。时有小泉。不济大众。脱有非意。要待秋冬。因云而动。若至冬日。冰沙凝厉。游骑之寇。终不敢攻城。亦不敢越城南出。如此。北方无忧矣。世宗从之。今北镇诸戍东西九城是也。（同一作下）

魏书高闾传。闾上表高祖时曰。……北狄悍愚。同于禽兽。所长者野战。所短者攻城。若以狄之所短。夺其所长。则虽众不能成患。虽来不能内逼。……六镇势分。倍众不斗。互相围逼。难以制之。昔周命南仲。城彼朔方。赵灵秦始。长城是筑。汉之孝武。踵其事。此四代之君。皆帝王之雄杰。所以同此役者。非智术之不长。

兵衆之不足。乃防狄之要事。其理宜然也。易稱天險不可升。地險山川丘陵。王公設險以守其國。長城之謂歟。今宜依故於六鎮之北。築長城以禦北虜。雖有暫勞之勤。乃有永逸之益。如其一成。惠及百世。即於要害。往往開門。造小城於其側。因地却敵。多置弓弩。狄來。有城可守。有兵可捍。既不攻城。野掠無獲。草盡則走。終始必懲。又宜發近州武勇四萬人。及京師二萬人。合六萬人。爲武士。於苑内立征北大將軍府……七月發六部兵六萬人。各備戎作之具。敕臺北諸屯倉庫。隨近作米。俱送北鎮。至八月。征北部率所領。與六鎮之兵。直至磧南。揚威漠北。狄若來拒。與之決戰。若其不來。然後散分其地。以築長城。計六鎮之地。

不過千里。若一夫一月之功。當三步之地。三百人三里。三千人
三十里。三萬人三百里。則千里之地。強弱相兼。計十萬人。一月必就。運
糧一月。不足為多。人懷永逸。勞而無怨。計築長城。其利有五。罷
遊防之苦。其利一也。北部放牧。無抄掠之患。其利二也。登城觀
敵。以逸待勞。其利三也。省境防之虞。息無時之備。其利四也。歲
常遊運。永得不匱。其利五也。(五四3上)
魏書天象志。泰常八年春。築長城。距五原二千餘里。置守卒。以備
蠕蠕。(一〇五三5下)
北齊書神武紀。武定元年八月。是月。神武命於肆州北山築城。西
自馬陵戍。東至土隥。四十日罷。(二4下)

北齊書神武紀 武定二年十月丁卯，神武上言：幽、安、定三州北接
奚、蠕蠕，請於險要修立城戍以防之，躬自臨履，莫不嚴固。（二5b）
又文宣紀 天保三年九月辛卯，帝自并州幸離石。冬十月乙未，至
黃櫨嶺，仍起長城，北至社干戍四百餘里，立三十六戍。（四4b）
考證：臣範按：毛氏本作社干，通鑑作社平，胡三省注齊紀作
社子。
五年十二月庚申，帝北巡至達速嶺，覽山川險要，將起
長城。（四5b） 六年，是年，發夫一百八十萬人築長城，自幽州北
夏口至恒州九百餘里。（四8b） 八年，是年，於長城內築重城，自
庫洛拔而東至於塢紇戍，凡四百餘里。 考證：北史同。通鑑拔
作枝，塢作烏。

北齊書趙郡王琛傳之子叡高祖顯祖……六年，詔叡領山東兵救
擾北築長城。于時盛夏六月。……先是役徒罷作，任其自返。丁
壯之輩，各自先歸。羸弱之徒，棄在山北，加以飢病，多致僵殞。叡
於是親帥所部，與之俱還，配合州鄉，部分營伍，督帥監領，強弱
相持，遇善水草，即為停頓，分有餘，贍不足，賴以全者十三四焉。
……八年，……除北朔州刺史，都督北燕、北蔚、北恒三州及庫
推以西黃河以東長城諸鎮諸軍事。叡慰撫新遷，量置烽戍，內
防外禦，備有條法，大為兵民所安。……（十三 21）
北齊書斛律光子金傳：清河二年四月，光率步騎二萬築勳掌城於軹
關西，仍築長城二百里，置十三戍。（十七 21下）

北齊書斛律羨（金次）傳：河清三年，轉……幽州刺史……天統元年，
夏五月，突厥木汗遣使請朝獻，羨始以聞，自是朝貢歲時不絕，
羨有力焉。詔加行臺僕射。羨以北虜屢犯邊，須備不虞，自庫堆
戍東拒於海，隨山屈曲二千餘里，其間二百里中，凡有險要，或
斬山築城，或斷谷起障，并置立戍邏五十餘所。又導高梁水北
合易京，東會于潞，因以灌田。邊儲歲積，轉漕用省，公私獲利焉。（十七北史）
又盧詢祖（循文之孫）傳：天保末，以職出為築長城子使，自負其才，內懷鬱怏，
遂毀容服，如廝役者，以見楊愔……（卅二北史）
又[illegible]傳：授儀同三司，監築長城大使，領步騎數千，鎮防北境。（卅五北史）

北齊書[redacted]傳：（元景安）昭帝時（世祖），初築長城，鎮戍未立，突厥強盛，慮或侵邊。仍詔景安與諸軍緣塞以備守。督領既多，且所部軍人，富於財物，遂賄貨公行。顯祖聞之，遣使推檢，同行諸人，贓污狼藉，唯景安纖毫無犯。帝深嘉歎，乃詔有司，以所聚斂贓物五百疋賜之，以彰清節。（同上卌一）

又陽斐傳：顯祖親御六軍，北攘突厥，仍詔斐監築長城。（同上卌二）

隋長城路綫。在北平方面，可見地理志及突厥傳自密雲昌平薊縣、遂平，今山海關西至北平之長綫略同。

營造

秦長城

水經注二·の十八の十九

西道嶺頹垣

又三·一の

北魏長城所起之　赤城

又三·一六

秦長城起臨洮

又三·廿三

營造

長城

山陽陰濟水注 23 1

齊長城

汶水注 26 25

方城長城

㶟水注 卅、二十

營造

築長城　廿年兩長城

水經沔水注　七、廿　淮水注　四四頁

平陰南長城

又八、十一

燕之城門

又易水注　卷十二　頁二八

魏長城

又渭水注　卷十九　頁3537

宫室

屋皆平上○唐書上以葦荷付屋皆平上高至數丈（韓上15）秉其

地少雨

蛾人或居家或居木以蘆遮蔽從外載而入以居（唐方室什執上）

居無室廬負山水坎地梁木其上覆以土如丘冢然夏出隨水草

冬入處（唐書靺鞨）（新稿下）

巢居○唐書南蠻傳東謝蠻處山巢居汲流以飲（新二下10上）

隋書靺鞨傳地卑濕築土如堤鑿穴以居開口向上以梯出入穴

（一下4）

巢居○隋書南蠻赤土地卑濕居則樓向西北樹高火第二山

多草木蛇禽兽，又多蚊蚋，人皆巢居以避其患（穴の外）

穴居○随有潮湿寒暑，冬月穴居以避太阴之寒（穴の外）

宦學

唐時長城口 唐书地理志 太原府太谷東南八十里馬嶺上有長城自平城至於魯口三百里（卅九外） 又嬀州懷戎北九十里有長城開元中張說築（卅九廿） 又檀州燕樂東北百八十五里有東軍北口二守捉北口長城口也（卅九外） 入四夷路夏州塞外通大同雲中道經故後魏沃野鎮傍金河過古長城九十二里至吐俱麟川（四三下外） 劉弘基傳……突厥寇邊督步騎萬人備塞自豳州北東拒子午嶺西抵臨涇築障遮虜（九十上） 突厥傳默啜請築古長城[illegible][illegible]塞（[illegible][illegible]上） 思摩度河遣使謝曰……有如延陀侵逼願入保長城詔許之（同上）

梁置堰

梁書武帝紀天監九年正月庚寅。新作緣淮塘。北岸起石頭迄東冶。南岸起後渚籬門迄三橋。（三注）

又十三年是歲。作浮山堰。（三注）

又普通六年夏五月己酉。築宿預堰。又修曹公堰於濟陰。（三注）

又大通二年二月是月。築寒山堰。（三注）

天監十三年魏降人王足求堰淮水以灌壽陽。使康絢護作。十五年四月成。八月壞。見絢傳（十八下注上）又見昌義之傳。是為荊山堰（十八注）

普通六年北伐須堰成。進七年淮堰水盛。克壽陽。見夏侯亶傳（卅

八頁）

梁書羊侃傳：大清元年，徵爲侍中。會大舉北伐，仍以侃爲持節、冠軍，監作寒山堰事。兩旬堰立。侃勸元帥貞陽侯[redacted]乘水攻彭城，不納。既而魏援大至，侃頻勸乘其遠來可擊，旦日，又勸出戰，並不從。侃乃率所領出頓堰上。及衆軍敗，侃結陣徐還。（四九頁）

營造

晉書武帝紀：泰始二年，秋七月，辛巳，營太廟，致荊山之木，采華山之石，鑄銅柱十二，塗以黃金，鏤以百物，綴以明珠。（三五）此回郡　營省此

廟見梓宮（十九上）此因梓廟七室，大康六年因廟陷，當改修創。群臣議宜如禮，設何叢，至十年，乃更改築於宣陽門內，窮極壯麗。此見禮志（十九上）

又王俊傳：俊表請儉，營廣業，然使所領兵作屋五十間。（四九上）

又荀顗傳：以泰始十年薨。……詔曰：太尉不恤私門，居無館宇。……其賜家錢二百萬，使立宅。（四九上）

又山濤傳：以太康四年薨。……左長史范晷等上言：濤舊第屋十間，子孫不相容。帝為之立室。（四三上）

晉書李重傳。永康初。趙王倫用為相國左司馬。以憂逼成疾而卒。……家貧。宅宇狹小。無殯斂之地。詔於典客署營喪。（可分錄）

又齊王冏傳。冏於是輔政。居攸故宮。……大築第館。北取五穀市。南開諸署。毀壞廬舍以百數。使大匠營制。與西宮等。鑿千秋門牆以通西閣。後房施鐘懸。前庭舞八佾。（全在錄）

又簡文三子傳。會稽文孝王道子嬖人趙牙。……為道子開東第。築山穿池。列樹竹木。功用鉅萬。道子使宮人為酒肆。沽賣於水側。與親昵乘船。就之飲宴。以為笑樂。帝嘗幸其宅。謂道子曰。府內有山。因得遊矚。甚善也。然修飾太過。非示天下以儉。道子無以對。唯唯而已。左右侍臣。莫敢有言。帝還宮。道子謂牙曰。上若

知足山板築所作。未必死矣。見曰。不在。見何敢死。營造殊無」（六之注）

晉書
桓沖傳。子嗣爲江州刺史。莅「事簡約。修所住齋。應作版檐。嗣命以茅代之。版付船官」。（七之注）

又孔愉傳「出爲……會稽內史。……在郡三年。乃營山陰湖南侯山下數畝地爲宅。草屋數間。便棄官居之」。（七八注）

又江逌傳「避蘇峻之亂。屏居臨海。絕棄人事。翦茅結宇。耽翫載籍。有終焉之志」。（八二注）

又沙抗傳。子「菁甚鑿釣臺。周輪八十餘堵。基高九仞。……太宰主簿熊遠諫。……命止作役」。（八六注）

其子駿「又於指城地南築

城。起宣光殿，畫以五色。飾以金玉。窮極珍巧。殿之四面起一殿。東曰宣陽青殿，以春三月居之。章之[illegible]服器物。皆依方色。南曰朱陽赤殿。夏三月居之。西曰政刑白殿。秋三月居之。北曰玄武黑殿。冬三月居之。其旁皆有直省內官寺署。一同方色。及末年。任所遊處，而復依四時而居。（以爲注）

晉書孝友傳吳逵。吳興人也。經荒饑疾病。合門死者十有三人。逵時亦病篤。其喪皆鄰里以葦席裹而埋之。逵夫妻既存。家極貧窘。冬無衣被。晝則傭賃。夜燒磚甓。晝夜在山。未嘗休止。……期年。成七墓十三棺。（以入外注）

又良吏傳魯芝。帝以芝清忠履正。素無居宅。使軍兵爲作屋五

十員。（五十五）

晉書儒林傳范宣：家於豫章。大守殷羨見宣茅茨不完，將為改宅。

宣固辭之。（五一上）

又文苑傳羅含：轉州別駕。以廨舍諠擾，於城西池小洲上立茅屋，伐木

為材，織葦為席而居。布衣疏食，晏如也。（九二上）

又外戚傳王恂：弟愷。既世族國戚，性復豪侈，用赤石脂泥壁。（九三上）

又隱逸傳孫登：汲郡共人也。無家屬，於郡北山為土窟居之。夏則

編草為裳，冬則被髮自覆。（九四上）　張忠：中山人也。永嘉之亂，

隱於泰山。……服氣餐芝，餌石修導養之法。……其居依崇巖

幽谷，鑿地為窟室。弟子亦以窟居。……立道壇於窟上，每旦朝

拜之。會因民共鑿石為墓。（九四隱逸）

郭瑀，敦煌人也。……隱於臨松薤谷。鑿石窟而居。服柏實以輕身。（隱逸）

瞿硎先生，不得姓名。亦不知何許人也。太和末。常居宣城郡界文脊山中。山有瞿硎。因以為名焉。大司馬桓溫嘗往造之。既至。見先生被鹿裘。坐於窟室。（九四隱逸）

晉書藝術傳：王嘉……隴西安陽人也。……隱於東陽谷。鑿崖穴居。弟子受業者數百人。亦皆穴處。石季龍之末。棄其徒衆。至長安。潛隱於終南山。結菴廬而止。門人聞而復隨之。乃遷於倒獸山。（九五藝術）

又列女傳：虞潭母孫氏，潭立養堂於家。王導以下。皆就拜謁。（九六列女）

晉書馬韓傳：馬韓居山海之間。無城郭。……居處作土室。形如冢。其戶向上。舉家共在其中。（卷九七）

又肅慎傳：居深山窮谷。其路險阻。車馬不通。夏則巢居。冬則穴處。（卷九七）

又石季龍載記：又納解飛之說。於鄴正南投石於河。以起飛橋。功費數千億萬。橋竟不成。役夫飢甚。乃止。……於襄國起太武殿。於鄴造東西宮。至是皆就。太武殿基高二丈八尺。以文石綷之。下穿伏室。置衛士五百人於其中。東西七十五步。南北六十五步。皆漆瓦金鐺。銀楹金柱。珠簾玉璧。窮極伎巧。又起靈風臺九殿於顯陽殿後。選士庶之女以充之。（卷一〇六）……兼盛興宮宮於鄴。起臺觀四十餘所。營長安洛陽二宮。作者四十餘萬人。
船傷迹　先是季龍起河橋於靈昌津。采石為中濟。石無大小。
下輒隨流。用功五百餘萬而不成。季龍遣使致祭。沈璧於河。俄
而所沈璧流於渚上。地震。水波騰上。津所殿觀莫不傾壞。壓死
者百餘人。季龍恚甚。斬工匠而止作。遂征　發雍洛秦并州十
六萬人。城長安未央宮。……刻期將校獵。自靈昌津南至滎陽
東極陽都。使御史監察其中禽獸。有犯者罪至大辟。御史因之
擅作威福。百姓有美女好牛馬者。求之不得。便誣以犯獸。論死
者百餘家。死　時沙門吳進言於季龍曰。胡運將衰。晉當復興。
宜苦役晉人。以厭其氣。季龍於是使尚書張群發近郡男女十

六萬。車十萬乘。運土築華林苑。及長牆於鄴北。廣長數十里。趙攬、申鍾、石璞等上疏陳天文錯亂。蒼生凋弊。及因引見。又面諫。辭旨甚切。季龍大怒。曰。牆朝成夕沒。吾無恨矣。乃促張群以燭夜作。起三觀四門。三門通漳水。皆為鐵扉。暴風大雨。死者數萬人。揚州送黃鵠雛五。頸長一丈。聲聞十餘里。泛之於玄武池。郡國前後送蒼麟十六。白鹿七。季龍命司虞張曷柱調之。以駕芝蓋。列於充庭之乘。鑿北城。引水於華林園。城崩。壓死者百餘人。命石宣祈於山川。因而游獵……宣馳逐無厭。所在陳列。行宮四面各以百里為度。驅圍禽獸。皆暮集其所。文武跪立。圍守重行。烽炬星羅。光燭如晝。命勁騎百餘馳射其中。宣與嬖姬顯

ㄱ使數人乘輦觀之。嬉娛忘反。歡殫乃止。其有禽獸奔逸當之者
坐。有爵者奪馬步驅一日。無爵者鞭之一百。峻制嚴刑。文武戰
慄。士卒飢凍而死者。萬有餘人。（季7下）
首。南燕慕容熙載記：大築龍騰苑。廣袤十餘里。役徒二萬人。起景雲
山於苑內。基廣五百步。峯高十七丈。又起逍遙宮甘露殿。連房數
百。觀閣相交。鑿天河渠。引水入宮。又為其昭儀苻氏鑿曲光海
清涼池。季夏盛暑。士卒不得休息。暍死者大半。（熙62上）ㄱ擬鄴
之鳳陽門。作弘光門。累級三層。（6下）ㄱ為苻氏起承華殿。高承光
一倍。負土於北門。土與穀同價。（6上）
又赫連勃勃載記：以叱干阿利領將作大匠。發嶺北夷夏十萬人。

於朔方水北。黑水之南。營起都城。……阿利性尤工巧。然殘忍刻暴。乃蒸土作城。錐入一寸。即殺作者而并築之。以為忠。故委以營繕之任。……復鑄銅為大鼓。飛廉、翁仲、銅駝、龍獸之屬。皆以黃金飾之。列於宮殿之前。(卅卷)

晉書五行志。景初元年。發銅鑄為巨人二。號曰翁仲。置之司馬門外。(廿七卷上)

宋書禮志。晉孝武帝太元十六年。改作太廟。……堂集方石。庭以塼。(十六卷)

又五行志。晉武帝太康五年。五月。宣帝廟地陷梁折。八年正月。太廟殿又陷。改作廟。築基及泉。其年九月。遂更營新廟。遠致名材雜以銅柱階砥石陛。作此者萬人。十八年四月乃成。十一月。庚寅。
畢乃就。卅二
宮內立乃當為帝太廟處。天下當安樂。移婦人於東方。東葉北
庭。以為園圃。干寶曰。夫王位南面。向陽也。后北宮。位太陰也。世
子居東宮。位少陽也。今居內於東。是與外俱南面也。亢陽無陰。
婦人失位而干少陽之象也。賈后讒戮愍懷。俄而禍敗亦及。冊
52
宋書五行志明光殿以胡粉塗壁。畫古賢烈士。以丹朱色地。謂之
丹墀。冊九止
又材官將軍一人。司馬一人。主工匠土木之事。掌左右校令共使

也。魏初又置材官校尉主天下材木事。晉江左改材官校尉曰材官將軍。又罷左校令。今材官隸尚書起部及領軍。卅九上

宋書后妃傳。明帝陳貴妃諱妙登。丹陽建康人。屠家女也。世祖常使尉司採訪民間子女有姿色者。太宗宮在建康縣界。家貧。有草屋兩三間。上出行。問尉曰。御道邊那得此草屋。當由家貧。賜錢三萬。令起瓦屋。尉自送錢與之。家人並不在。唯太宗在家。時年十二三。尉見其容質甚美。即以白世祖。於是迎入宮。四十一 南史

宋書孔靖傳。子靈符。……家本豐。產業甚廣。又於永興立墅。周回三十三里。水陸地二百六十五頃。含帶二山。又有果園九處。為有司所糾。詔原之。而靈符答對不實。坐以免官。（五四）

宋書臧燾傳：武敬皇后兄也。……外戚貴顯，而彌自冲約，茅屋蔬飧，不改其舊。（全五卅，南史十八上）

又武二王傳：南郡王義宣子愷……新宮及閑予。愷於尚書寺內著婦人衣，乘問訊車，投臨海公主家。……於東宮內為地窟藏之。事覺，收付廷尉伏誅。（六・八九）

又徐湛之傳：貴戚豪家，產業甚厚。室宇園池，貴遊莫及。（七一・一下）出為南兗州刺史。……廣陵城舊有高樓，湛之更加修整。南望鍾山。城北有陂澤，水物豐盛。湛之更起風亭、月觀、吹臺、琴室。果竹繁茂，花藥成行。招集文士，盡游玩之適。一時之盛也。（七一・二下）

又王玄謨傳：……之並園消虞。……初圍城。城內多茅屋，衆求以火

前殿之立，傍想積云年歲。不從城中即撤撲之，其地以為崇宅也。
（七六頁）南史十六頁
宋書文五王傳竟陵王誕……造立第舍，窮極工巧，園池之美，冠
於一時。（四九頁）大明三年四月，上乃使有司奏曰……故會
稽宣長公主，受遇二祖，聯綴帝宗，臣湛之亡身徇國，追榮典軍，
徐湛之以廣拓宅宇，加勢執植，輒逼遷拓，頻相驅徙，遂令神主
之胥遠。陵卜妾巷，宗廟令循，行路嗟瀼，又緣豁西道，積代通衢，誕
拓宇開垣，擅封其一，枝使徑途擁隔，川陸阻礙，——故延相臨
川翅封西之觀……延又以朝居宅弟，園池嚴換，招旨不許，恐
對補闕述（張）

宋書周朗傳：世祖即位，……普責百官讜言。朗上書曰：……又取
稅之法，宜計人為輸，不應以貲。……乃令桑長一尺，圍以為價，
田進一畝，度以為錢，屋不得瓦，皆責貲實。民以此樹不敢種，土
畏妄墾，棟焚榱露，不敢加泥。（以上証）
又孝義傳郭世道：子原平，居宅下濕，繞宅為溝，以通淤水。（右一証）
又吳逵，吳興烏程人也。經荒饑饉，係以疾疫，父母兄弟嫂及群從
小功之親，男女死者十三人。逵時病困，鄰里以葦席裹之，埋於
村側。既而逵疾得瘳，親族皆盡，惟逵夫妻獲全。家徒壁立，冬無
被袴，晝則傭賃，夜則伐木燒塼。……期年中，成七墓，葬十三棺。九
一証　事觀此，則葬皆用塼　又王彭，盱眙直瀆人也，少喪母。

元嘉初。父又喪亡。家貧力弱。無以營葬。兄弟二人。晝則傭力。夜
則號感。鄉里並哀之。乃各出夫力。助作塼。塼須水。而天旱。穿井
數十丈。泉不出。墓處去淮五里。荷擔遠汲。困而不周。彭號天自
訴。如此積日。一旦大霧。霧歇。塼竈忽生泉水。鄉鄰助之者。並
嗟歎神異。縣邑近遠。悉往觀之。葬事既竟。水便自竭。（宋一四）

宋書孝義傳何子平。所居屋敗。不蔽雨日。兄子伯興。採伐茅竹。欲
為葺治。子平不肯曰。我情事未申。天地一罪人耳。屋何宜覆。以母
未葬（宋九一）

又隱逸傳戴顒。桐廬僻遠。難以養疾。乃出居吳下。吳下士人共為
築室。聚石引水。植林開澗。少時繁密。有若自然。（宋九三）（南史七五）

宋書隱逸傳孔淳之：茅屋蓬戶。（九三）

又沈道虔，吳興武康人也。……居縣北石山下。孫恩亂饑荒。縣令庾肅之迎出縣南廢頭里。為立小宅。臨溪有山水之玩。時復還石山精廬。（九三）

恩倖傳阮佃夫宅舍園池。諸王邸第莫及。……於宅內開瀆。東出十許里。塘岸整潔。汎輕舟。奏女樂。（九四）（南史七七）

又夷蠻傳元嘉十二年。丹陽尹蕭摩之奏曰。佛化被於中國。已歷四代。形像塔寺。所在千數。……自頃以來。情敦浮末。不以精誠為至。更以奢競為重。舊宇頹弛。曾莫之修。而各務造新。以相誇尚。甲第顯宅。於茲殆盡。材竹銅綵。靡損無極。……請自今以後。有欲鑄銅像者。悉詣臺自聞。興造塔寺精舍。皆先詣在所二千石通辭。郡依事列言本州。須許報然後就功。其有輒造寺舍者。皆依不承用詔書律。銅宅林苑。悉沒入官。詔可。（宋九七）

齊書州郡志。青州。宋泰始初。淮北沒虜。六年。始治鬱州上。……劉善明為刺史。以海中易固。不峻城雉。乃累石為之。高可八九尺。後為齊郡治。（十四 95）

又文惠太子傳。宮內殿堂。皆雕飾精綺。過於上宮。開拓玄圃園。與臺北城塹等。其中樓觀塔宇。多聚奇石。妙極山水。慮上宮望見。乃傍門列修竹。內施高鄣。造遊牆數百間。施諸機巧。宜須鄣蔽。須臾成立。若應毀撤。應手遷徙。……以晉明帝為太子時[redacted]立西池。乃啟世祖引前例，求東田[redacted]立小苑。上許之。永明中，二宮兵力全實。太子使宮中將吏更番役築，營城包巷，制度之盛，觀者傾都。上性雖嚴，多布耳目，太子所為，無敢啟者。後上幸豫章王宅，還過太子東田，見其彌亘華遠，壯麗極目，於是大怒，收監作主帥。太子懼，皆藏匿之。由此見責。蕭世祖廣門東宮，見太子服玩過制，大怒，敕有司隨事毀[redacted]除，以東田殿堂為崇虛館。

齊書高帝紀：建元二年五月，立六門都牆。（三上）至修竹。宋世外六門設竹籬。是年初，有發白虎樽者，言白門三重門竹籬穿不完。上感其言，改立都牆。僅五旬，上答云：欲令後世無以加也。世

三上 胡史 本紀，殷本孝瞻按通鑑考。自晉以來，建康宮之外城，惟

南史 四九上

設竹籬。而有六門。

齊書良政虞愿傳明帝以故宅起湘宮寺。費極奢侈。以孝武莊嚴刹七層。帝欲起十層。不可立。分爲兩刹。各五層。(五三之上)

又高逸傳顧歡是時員外郎劉思効表陳讜言曰。……貴勢之流。貨室之族。車服伎樂。爭相奢麗。亭池第宅。競趣高華。至於山澤之人。不敢採飲其水草。(五四之下)

又魏虜傳什翼珪始都平城。猶逐水草。無城郭。木末明元帝始土著居處。佛狸破梁州黃龍。徙其居民。大築郭邑。截平城西爲宮城。四角起樓。女牆。門不施屋。城又無壍。南門外立二土門。内立廟。開四門。各隨方色。凡五廟。一世一間。瓦屋。其西立太社。佛狸所居雲母等三殿。又立重屋。居其上。飲食廚名阿真廚。在西。皇后可孫。恒出此廚求食。……佛狸攻破勅〻子晶。娶勅〻女為皇后。……可孫昔妾媵之殿。殿西鎧仗庫。屋四十餘間。殿北絲綿布絹庫。土屋一十餘間。偽太子宮在城東。亦開四門。瓦屋。四角起樓。妃妾住皆土屋。婢使千餘人。織綾錦。販賣。酤酒。養豬羊。牧牛馬。種菜逐利。太官八十餘窖。〻四千斛。半穀半米。又有懸食瓦屋數十間。置尚方。作鐵及木。其袍衣使宮內婢為之。偽太子別有倉庫。其郭城繞宮城南。悉築為坊。〻開巷。坊大者容四五百家。小者六七十家。每南坊搜檢。以備奸巧。城西南去白登山七里。於山邊別立父祖廟。城西有祠天壇。立四十九木人。長丈許。

中幘絳褠馬尾被之壇上。常以○月○日殺牛馬祭祀。盛陳鹵
簿。並壇有馳奏伎西樂。城西三里。刻石寫五經及其圖記。桂鄴
取石虎文石爲基六十枚。皆長丈餘以爲之園。（見七上）議遷都
洛京。九年。遣使李道固蔣少游報使。少游有機巧。密令觀京師
宮殿楷式。清河崔元祖[redacted]敢世祖曰。少游臣之外甥。特有公輸之
思。宋世陷虜。處以大匠之官。今爲副使。必欲模範宮闕。豈可令
氈鄉之鄙。取象天宮。臣謂且留少游。令使主反命。世祖以非通
和意。不許。案九年係永明九年。少游安樂人。虜宮室制度。皆從其出。（[illegible]）
宮……以爲六樣倣鄴城以建鄴記。王宮南平原鄴公。爲寵貴。
以青漆飾之。（見上）

梁書太祖五王傳：南平元襄王偉……性甫華侈，廣營第宅，重齋
步櫚，模寫宮殿。（廿二上）南史梁宗室傳（五二上）
又徐勉傳：嘗爲書誡其子崧曰：……中年聊於東田開營小園者，
非在播藝，以要利入，正欲穿池種樹，少寄情賞。又以郊際閑曠，
終可爲宅，儻獲懸車致事，實欲歌哭於斯。慧日、十住等，旣應營
搆，又須住止。吾清明門宅，無相容處。所以爾者，亦復有以。前割
西邊，施宣武寺，旣失西廂，不復方幅，意亦謂此逆旅舍耳，何事
須華？常恨時人謂是我宅。古往今來，豪富繼踵，高門甲第，連闥
洞房，宛其死矣，定是誰室？但不能不爲培塿之山，聚石移果，雜
以花卉，以娛休沐，用託性靈。隨便架立，不在廣大，惟功德處，小

以為好。所以關中逼仄。無復房宇。近營東邊兒孫二宅。乃藉十住南還之資。其中所須。猶為不少。既牽挽不至。又不可中塗而輟。郊間之園。遂不辭售。傢與韋黯。乃獲百金。成就兩宅。已消其半。尋園價所得。何以至此。由吾經始歷年。粗已成立。桃李茂密。桐竹成陰。塍陌交通。渠畎相屬。華樓迥榭。頗有臨眺之美。孤峰叢薄。不無糾紛之興。瀆中並饒菰蔣。湖裏殊富芰蓮。雖云人外。城闕密邇。韋生欲之。亦雅有情趣。追述此事。非有吝心。蓋是筆勢所至耳。……廿五徐勉傳 南史

梁書陸倕傳。於宅內起兩間茅屋。杜絕往來。晝夜讀書。如此者數載。……卌八 南史

梁書裴子野傳：無宅，借官地二畝，起茅屋數間。（卌九上）南史卅三9下
又劉顯傳：嘗為上朝詩，沈約見而美之。時約郊居宅新成，因命工
書人題之於壁。又何思澄傳：……為遊廬山詩，沈約見之，大
相稱賞，自以為弗逮。約郊居宅新構閣齋，因命工書人題此詩
於壁。（五十上）又劉杳傳：……約郊居宅時新構閣齋，杳為贊
二首，並以所撰文章呈約。約即命工書人題其贊於壁。……（五
十上）書可飾壁之，蓋為文字兼論書法
又處士傳：何點與陳郡謝瀹、吳國張融、會稽孔稚珪為莫逆友。從
弟遁，以東籬門園居之。稚珪為築室焉。園內有卞忠貞冢，點植
花卉於冢側，每飲，必舉酒酹之。（五十一下）

梁書處士傳陶弘景：止於句容之句曲山。……中山立館。……
永元初。更築三層樓。弘景處其上。弟子居其中。賓客至其下。
與物遂絕。唯一家僮得侍其旁。（五一）下南史七六注
又劉慧斐……起家安成王法曹行參軍。嘗還都。途經尋陽。遊於
匡山。遇處士張孝秀。相得甚歡。遂有終焉之志。因不仕。居於東
林寺。又於山北構園一所。號曰離垢園。時人乃謂為離垢先生。
（五一）
又良吏傳何遠之在官。好開途巷。修葺牆屋。民居市里。城隍廄庫。
所過若營家焉。（五三上）
又諸夷傳高句驪：其王都於丸都（之）之下。多大山深谷。無原澤。百

指依之以居。食用以[illegible]。種土著。無[illegible]田。[illegible]俗節食。好治宮室。[illegible]

（の九上）

罽[illegible][illegible]三國有宮宇。無城郭。其王所居飾以金銀珍[illegible]積至百閣以[illegible]銀。雨則[illegible]程小[illegible]之上。（[illegible]の作）[illegible]山則似古[illegible][illegible]乃可入。[illegible]郭為從起之。扶桑國作板屋無城郭。（南史七九下 梁書[illegible]）

又天監六年。有晉安人度海。為風所飄至一島。登岸有人居止。女則如中國。而言語不可曉。男則人身而狗頭。其聲如吠。其食有小豆。其衣如布。築土為牆。其形圓。其戶如竇云。（[illegible]の[illegible]下）（南史七九上）

又高昌國。其地高燥。築土為城。架木為屋。土覆其上。（[illegible]の作下）

又滑國。無城郭。氈屋為居。東向開戶。其王坐金牀。隨太歲轉。（[illegible]の作下）

陳書后妃傳史臣侍中鄭國公魏徵……云……至德二年，乃於
光昭殿前起臨春、結綺、望仙三閣。閣高數丈，並數十間，其窗牖
壁帶懸楣欄檻之類，並以沈檀香木為之，又飾以金玉，間以珠
翠。外施珠簾，內有寶牀寶帳，其服玩之屬，瑰奇珍麗，近古所未
有。每微風暫至，香聞數里。朝日初照，光映後庭。其下積石為山。
引水為池，植以奇樹，雜以花藥。後主自居臨春閣，張貴妃居
結綺閣，龔孔二貴嬪居望仙閣，並複道交相往來。（七〇頁）十二仕 南史
江總傳……鄱陽王為東揚州刺史……乃專權居處，令使辟
迴之……王別墅宅以云廣之，極興其宇麗，乃於竹林間自營第
宅而居焉。（十九頁上）七六仕 南史

陳書裴忌傳：世祖即位，除光祿大夫、慈訓宮衛尉，並不就，乃築山
穿池，植以卉木，居處其中，有終焉之志。（四五）（傳）南史五八下
又孫瑒傳：共自居處，頗失於奢豪。庭院穿築，極林泉之致。（四五）（傳）
又儒林傳：張譏，譏性恬靜，不求榮利，常慕閑逸。所居宅營山池，植
花果。（卅三）（傳）
又文學傳：阮卓退居里舍，改構亭宇，脩山池卉木，招致賓友，以文
酒自娛。（卅四）（傳）南史七二下
南史東昏侯紀：三年，殿內火。……於是出居。火又燒璿儀、曜靈等
十餘殿，[redacted]相勝，北至華林，西至秘閣，三千餘間皆盡。左右趙鬼
能讀西京賦，云：「柏梁既災，建章是營。」於是大起諸殿，芳樂、芳德

陳文帝初 徵 成平

仙華大興含德清曜安壽等殿。又别為潘妃起神仙永壽玉壽
三殿。皆匝飾以金璧。其玉壽中作飛仙帳。四面繡綺。窗間盡畫
神仙。又作七賢。皆以美女侍側。鑿金銀為書字靈獸神禽風雲
華炬。為之玩飾。椽桷之端。悉垂鈴佩。江左舊物。有古玉律數枚。
悉裁以鈿笛。莊嚴寺有玉九子鈴。外國寺佛面有光相。禪靈寺
塔諸寶珥。皆剝取以施潘妃殿飾。性急暴。所作便欲速成。造殿
未施梁桷。便於地畫之。唯知宏麗。不知精密。酷不別畫。但取絢
曜而已。故諸匠賴此得不用情。又鑿金為蓮華以帖地。令潘妃
行其上。曰。此步步生蓮華也。塗壁皆以麝香。錦幔珠簾。窮極綺
麗。縶役工匠。自夜達曉。猶不副速。乃剝取諸寺佛剎殿藻井仙

人騎獸以充之。武帝興光樓上施青漆，世人謂之青樓。帝曰：武帝不巧，何不純用琉璃。[illegible]又以閱武堂為芳樂苑，窮奇極麗。當暑種樹，朝種夕死，死而復種，卒無一生。於是徵求人家，望樹便取，毀徹牆屋，以移置之。大樹合抱，亦皆移掘，插葉繫花，取玩俄頃。剗取細草，來植階庭，烈日之中，至便焦[illegible]燥，紛紜往還，無復已極。山石皆塗以采色。跨池水立紫閣諸樓觀，壁上畫男女私褻之像。[illegible]諸金人[illegible]宮殿內事，極於奢大。以秦之富，起一阿房而滅。今不及秦一郡，而其靡費十倍於秦，危殆矣。[illegible]

南史[illegible]傳：[illegible]

南史王儉傳：初，宋明帝紫極殿珠簾綺柱，飾以金玉，江左所未有。

齊高帝以其材起宣陽門。儉與褚彥回及叔父僧虔連名表諫，

上手詔酬納。（卌二頁） 按高帝建元二年事

南史劉勔傳：經始鍾嶺之南，以為棲息，聚石蓄水，髣髴丘中。朝士

雅素者多往游之。（宋明帝時，卌九頁） 子悛重脩葺悛宅，盛修山

池，造甕牖。齊武帝著鹿皮冠，被悛菟皮衾，於牖中宴樂，以冠賜（劉勔的兒子）

悛。（卌九頁）

南史齊宗室傳：衡陽元王道度，高帝長兄也。……無子。高帝以第

十一子鈞繼。……會稽孔珪家起園，列植桐柳，多構山泉，殆窮

真趣。鈞往遊之。（六一頁）

南史齊高帝諸子傳武陵昭王曄。豫章文獻王嶷於邸起土山。列種桐竹。號為桐山。武帝幸之。置酒為樂。顧臨川王映曰。王邸亦有嘉名不。映曰。臣好栖靜。因以為稱。臨川王映又問曄。曄曰。臣山卑。不足栖靈昭景。惟有薇蕨。直號首陽山。帝曰。此直勞苦之歌也。（四三 2上）案可見當時諸王邸多有山

南史崔祖思傳。永明九年。魏使李道固及蔣少游至。祖思從子元祖言臣甥少游有班倕之功。今來必令模寫宮掖。未可令反。上不從。少游果圖畫而歸。（四七 3上）

南史陸澄傳。尚書令王儉嘗問澄曰。崇禮門有鼓而未嘗鳴。其義安在。澄答曰。江左草創。崇禮闥皆是茅茨。故設鼓。有火則扣以

簫疏相傳至今。（卷八十八）

南史孔珪傳：字德璋，會稽山陰人也。居宅盛營山水，憑几獨酌，旁無雜事。門庭之內，草萊不翦，中有蛙鳴。或問之曰：欲為陳蕃乎。珪笑答曰：我以此當兩部鼓吹，何必效蕃。王晏嘗鳴鼓吹候之，聞群蛙鳴，曰：此殊聒人耳。珪曰：我聽鼓吹，殆不及此。晏甚有慙色。（卷四十九）

南史劉善明傳：所居茅齋，斧木而已。牀榻几案，不加剗削。（卷四十九）

南史劉瓛傳：兄弟三人，共處蓬室一間，為風所倒，無以葺之，怡然自樂。習業不廢。（卷五十）　住在檀橋，瓦屋數間，上皆穿漏。學徒敬慕，不敢指斥，呼為青溪焉。竟陵王子良款往修謁。七年，表書

帝尚儉立節。以楊利橋枕主帝給之。生後皆號。誅民。室豪豈為
示奢。此華宇豈帝宅邪。章可詔作講堂。猶恐之奢也。帝及被虐。
過矣。……（宋本紀上）
南史梁宗室傳長沙宣武王懿子業歷任……南兗州刺史。蒙許
斛米。饑人作甓以砌城。吏民喜之。（五一上）
又南平元襄王偉，文帝子。齊世青溪宮改為芳林苑。天監初。賜偉
為第。偉又加穿築。［增植嘉樹珍果］雜木珍奇。窮極雕靡。有侔造化。立游客省。寒暑
得宜。冬有籠爐。夏設飲扇。每與賓客游其中。命從事中郎蕭子
範為之記。梁蕃邸之盛無過焉。（五二）
南史梁武帝諸子傳昭明太子統。性愛山水。於玄圃穿築。更立亭

館（五三〇上）
南史曹景宗傳，除郢州刺史。……景宗在州，於城南起
宅。長堤以東，夏口以北，開街列門，東西數里。（五三〇上）
南史賀琛傳，幼孤。伯父瑒授其經業。……初瑒於鄉里聚徒教授，
四方受業者三千餘人。瑒天監中亡。至是復集。琛乃築室郊郭
之際。茅茨數間。年將三十，便事講授。（五六二下）
南史朱异傳，起宅東陂，窮乎美麗。晚日來下，酣飲其中。（六二八下）
异及諸子，自潮溝列宅至青溪。其中有臺池玩好，每暇日與賓
客遊焉。（六二八下）
南史孫瑒傳，居家頗失於儉，家庭穿築，極林泉之致。歌鐘舞女，當

世隆傳。賓客填門。軒蓋不絕。及出鎮郢州。乃合十餘船為大舫。於中立亭池。植荷芰。每良辰美景。賓僚並集。泛長江而置酒。亦一時之勝賞焉。（六九注）

南史循吏傳。晉世諸帝。多處內房。朝宴所臨。東西二堂而已。孝武末年。清暑方構。及永初受命。無所改作。所居唯稱西殿。不制嘉名。文帝因之。亦有合殿之稱。及孝武承統。制度滋長。犬馬餘菽粟。土木衣綈繡。追陋前規。更造正光玉燭紫極諸殿。雕欒綺飾。珠窗網戶。（七十注）

又孫謙。每去官。輒無私宅。借空車廐居焉。（七十注）

又何遠傳。遷武昌太守。……武昌俗皆汲江水。盛夏。遠患水溫。每以錢

罗人甘竹之也。不取錢也。所謂水道之。（巳十此）

南史[redacted]隱逸傳南嶽鄧先生。名郁。荊州建平人也。少而

不仕。隱居衡山極峻之嶺。立小板屋兩間。足不下山。斷穀三十

餘載。…（巳七上）

南史恩幸傳[redacted]（呂文度）廣開宅宇。盛起土山。奇禽怪樹。皆聚其中。（巳七

七下）茹法亮廣開宅宇。杉齋光麗。與延昌殿相埒。延昌殿。武

帝中齋也。宅後為魚池釣臺。土山樓館。長廊將一里。竹林花藥

之美。公家苑囿所不能及。（巳七九）綦毋珍之齋。繪珍之宅。立達又

有人宮應。從取其財。擬令材木營修。不異詔旨。（巳七下）呂文顯嬌

茹法亮等出入為舍人。並見寵幸。四方餉遺。並造宅。聚山海

池苑（8下）

南史東昏傳：白虎王首房宇，雜以百子帳，即穹廬也。（巴九下）拾質之。又……之搆地築宮殿，其小至甚之處。（四下）天監十三年……

……熟於益州立九層佛寺。諸詩寫。（四下）

當方頃循傳：廷尉孫慮住在小市，將奪左右近宅，以廣其居。乃私作射閣，吳興多妾。人多患之，訟於州府，皆不見省。循出至彼閭，連名詣循關之。循曰：見許廷尉，當為言及之。劉閔而遽毀其門，詣循投訴。其為世所敬服如此。（六八上）

宋書臧質傳：虜攻盱眙……以衝車攻城，城土堅密，每至頹落，不過數斗。（七四上）

齐书氐杨氏传仇池四方壁立。自然有楼橹却敌状。高并数丈。有二十二道。可攀缘而升。东西二门。盘道可七里。上有冈阜泉源。氐于上平地立宫室果园仓库。无贵贱。皆为板屋土墙。（五九 2下）

梁书诸夷传天监六年。有晋安人渡海。为风所飘至一岛。登岸。有人居止。女则如中国。而言语不可晓。男则人身而狗头。其声如吠。其食有小豆。其衣如布。筑土为墙。其形圆。其户如窦云。（五四 12下）

又河南王慕延死。从弟拾寅立。乃用书契。起城池。筑宫殿。其小王并立宅。……天监十三年。遣使献金装马脑钟二口。又表于益州立九层佛寺。诏许焉。（五四 13上）

營造

魏書大祖紀登國六年，是歲，起河南宮。（二上）
又七年八月，行幸漠南，仍築巡臺。（二上）
又天興二年二月，以所獲高車衆起鹿苑，於南臺陰，北距長城，東
包白登，屬之西山，廣輪數十里。鑿渠引武川水注之苑中，疏爲
三溝，分流宮城內外。又穿鴻雁池。（二下）
又七月，起天華殿。（二下）八月，增啓京師十二門，作西武庫。十
月，太廟成。十二月，天華殿成。（二下）
又三年三月，是月，穿城南渠，通於城內，作東西魚池。（二下）
又四年五月，起紫極殿、玄武樓、涼風觀、石池、鹿苑臺。（三上）

魏書太祖紀天興六年。七月。戊子。車駕北巡。築離宮於犲山。縱士校獵。東北踰罽嶺。出參合代谷。九月。行幸南平城。規度灅南。面夏屋山。背黃瓜堆。將建新邑。(二九上) 十月。起西昭陽殿。(二九上)

天賜元年十一月。築西宮。

又天賜三年二月。乙亥。幸代園山。建五石亭。六月。發八部五百里內男丁築灅南宮。門闕高十餘丈。引溝穿池。廣苑囿。規立外城。方二十里。分置市里。經塗洞達。三十日罷。八月。甲辰。行幸犲山宮。遂至青牛山。丙辰。西登武要北原。觀九十九泉。造石亭。遂之石漠。四年。七月。車駕自濡源西幸參合陂。築北宮垣。三旬而罷。乃還宮。(三上)

魏書太宗紀永興二年。七月。丁巳。立馬射臺於陂西。參合陂。(三下)

五年二月癸丑，穿魚池於北苑（紀）。[redacted]六月丙午，幸五原，校獵於骨
羅山。七月己巳，還幸濡山，帝登觀太祖遊幸刻石頌德之
處，乃於其旁起石壇，而薦饗焉，觴從者於山下（三紀）。神
瑞元年二月乙卯，起豐宮於平城東北（紀）。二年六月戊午，幸
去畿陂觀漁。辛酉，次於濡源，築立蟠臺（孫）。泰常二年五月，車
駕西巡，至於雲中，遂濟河，田於大漠。秋七月，作白臺於城南，高
二十丈（紀）。三年十月戊辰，築宮於西苑（紀）。四年九月，築宮
於白登山（紀）。五年四月丙寅，起灅南宮（紀）。六年三月，發
京師六千人築苑，起自舊苑，東包白登，周回四十餘里（紀）。七
年九月辛亥，築平城外郭，周回三十二里（紀）。八年十月癸卯，

廣西宮。起外垣，據周圍二十里。（三64）
魏書世祖紀：始光二年三月庚申，營故東宮爲萬壽宮，起永安、
樂二殿，臨望觀，九華堂。（同上64） 神䴥四年。秋七月，行幸河西，
起承華宮。（64） 太平真君三年，閏月，劉義隆將軍裴方明
梁州刺史劉康祖寇南秦……王楊難當敗，奔於上邽。六月，丙
戌。雜營解於行宮。先是，起殿於陰山之北。殿始成而難當至，因
名曰廣德殿。（同下64） 十一年十二月，癸未，車駕臨江，起行宮
於瓜步山。（64） 性清儉率素……群臣白帝，更峻京邑城隍，以
從周易設險之義，又陳蕭何壯麗之說。帝曰：古人有言：在德不
在險。屈丐蒸土築城，而朕滅之，豈在城也？今天下未平，方須民

加土功之事。朕所未爲。蕭何之對。非雅言也。（四下紙）

魏書高宗紀　興安二年二月乙丑。發京師五千人穿天淵池。（五紙）

太安四年三月。……起太華殿。九月。……辛亥。太華殿成。

（紙）和平四年七月壬午。詔曰。朕每歲以秋日閑月命羣官講

武平壤。所幸之處。必立宮壇。糜費之功。勞損非一。宜仍舊貫。何

必改作也。（紙）

魏書顯祖紀　太上皇帝徙御崇光宮。採椽不斲。土階而已。（七上紙）

魏書高祖紀　太和元年正月。起太和安昌二殿。（紙）七月乙酉。太

和安昌二殿成。起朱明思賢門。九月庚子。起永樂遊觀殿。於

北苑穿神淵池。（七上紙）三年春。正月。癸丑。坤德六合殿成。……

二月。壬寅。乾象山合殿成。六月。起文石室靈泉殿於方山。八月乙亥。幸方山。起思遠佛寺。丁丑。還宮。（七上 6上）四年。春正月。癸卯。乾象山合殿成。七月壬子。改作東明觀。（6下）九月[redacted]新殿成。壬午。東明觀成。（7下）九年七月。丙寅。新作諸門。（9下）十二年九月丁酉。起宣文堂經武殿。（七下 9上）十五年八月戊戌。移道壇於桑乾之陰。改曰崇虛寺。十六年二月庚寅。壞太華殿。經始太極殿。（9上）

魏書世宗紀景明二年九月。丁酉。發畿內夫五萬五千人。築京師三百二十三坊。四旬而罷。（八下 9上）

又肅宗紀正光三年十二月丁亥。以牧守妄立僧尼。輒興寺塔。第

宇豐傳。居肆商販。詔中尉端衡。肅厲風俗。以見事糾劾。（天紀）
魏書孝靜帝紀。天平二年八月甲午。發衆七萬六千人營新宮。（中）
二（上） 興和元年。九月甲子。發畿內民夫十萬人城鄴城。四十
日罷。辛未。曲赦畿內死罪以下各有差。冬十有一月。癸亥。以新
宮成。大赦天下。改元。……築城之夫給復一年。……二年。春正月。
……丁丑。徙御新宮。（下） 三年十月己巳。發夫五萬人築漳濱
堰。三十五日罷。（北上） 武定元年八月。是月。齊獻武王召夫五萬
於肆州北山築城。西自馬陵戍。東至土隥。四十日罷。（北下）
又太武五王傳。廣陽王建閭子嘉表請於京四面築坊三百二十。
各周一千二百步。乞發三正復丁。以充兹役。雖有暫勞。姦盜永

此。語從之。（十八下）

魏書景穆十二王傳濟陰王小新成孫衡，入嵩山，以穴爲室。（十九上）

又任城王雲子澄上奏都城府寺猶未周悉。今軍旅初寧，無宜發衆。請取諸職人及司州郡縣犯十杖已上百鞭以下收贖之物。絹一匹，輸磚二百，以漸修造。從之。（十九中下）[illegible]

又莫含傳：孫題。太祖欲廣宮室，規度平城四方數十里，將模鄴、洛、長安之制。運材數百萬根。以題機巧，徵令監之。召與論興造之宜。題久侍頗怠，賜死。（卅三上）

又奚斤傳：代人也。世典馬牧。父箪，有寵於昭成皇帝。時國有良馬。

曰騧騮。一夜忽失。求之不得。後知南部大人劉庫仁所盜。養於
窟室。單閭而馳往取焉。庫仁以國甥恃寵。恥而逆擊單之。捽其
髮落。傷其一乳。（四九1上）

魏書寇同傳……隰……其刺史。山民愚朴。父子賓旅。同寢一
室。同下車。勸令別處。其俗遂改。（四二6上）

又羅結傳。年一百一十。猶聽治事。賜大寧東川。以為居業。并為築
城。即號曰羅侯城。至今猶在。（四〇1上）

又高允傳。給事中郭善明。性多機巧。欲逞其能。勸高宗大起宮室。
允諫曰。臣聞太[redacted]祖道武皇帝。既定天下。始建都邑。其所營立。非
因農隙。不有所興。今建國已久。宮室[redacted]已備。永安前殿。足以朝

今茲因西置溫室，足以安御體，前當樓臨水，可以觀游遠覽，若
廣修此體爲羣觀也，宜潛拆之，不可復聚，計所材運土，及諸雜
役，須二萬人，丁夫之作，必轉傳徧合の萬人，事業可紀……大
所損費亦已多矣……高宗納之，而八邪

饒

古請顯宗麒麟麒麟子收定遷都，顯宗上表……其二曰……東來
財貨富室，競以第宅相尚，今因遷徙，宜申禁約，令貴賤有檢無
得踰越，端廣衢路，通利溝渠，使寺署有別の民異居，永垂百世
不刊之範……寺千載……顯宗又上言曰……又曰，伏見洛
京之制，居民以官位相從，不依族類，然官位非常，有朝榮而夕
悴，則衣冠淪於廝豎之邑，臧獲騰於膏腴之里，物之顛倒，或至

於斯。古之聖王，治四民異居也。欲其業定而志專。業定則不
偽。志專則不遷。故耳目所習，不猜而敏，父兄之教，不肅而成。仰
惟太祖高皇帝，創業垂統，日不暇給，然猶分別士庶，不令雜
居。伎作屬治，各有攸處。但不設科禁，書賈傳恃，販賈而歸，錯居
混雜。假令一處彈箏吹笛，緩舞長歌，一處嚴師苦訓，誦詩[redacted]講
禮。宜令童齔任意所從，其走赴舞堂者萬數，往就學館者無一。
此則伎作不可雜居，士人不宜異處之明驗也。……朝廷每選
樂人士，則授其一[redacted]儕一官，以爲升降，同其班也。至與閭伎作宦
遽以與膏粱華冑，接閈連甍，何其略也。……今稽古建極，光宅
中區。凡所徙居，皆是公地。分別伎作，在於一言。有同風類，而闕盛

參[illegible]

魏書常景傳：常上表曰：時當……竊惟皇遷中縣，垂二十紀，而明堂禮樂之本，乃鬱荊棘之林；膠序德義之基，空盈牧豎之跡。城隍嚴固之重，闕塼石之工；墉堞顯望之要，少樓榭之飾。加以風雨稍侵，漸致虧墜。又府寺初營，頗亦壯美，然一造至今，更不修繕，廳宇凋朽，牆垣頹壞，皆非所謂追隆堂構、儀刑萬國者也。……

……以臣愚量，宜罷尚方雕靡之作，頗省永寧土木之功，并減瑤光材瓦之力，兼分石窟鐫琢之勞，及諸事役非急者，三時農隙，修此數條。……見六31

魏書甄琛傳附子楷傳：肅宗末，定州刺史廣陽王淵被徵還朝，時楷丁

處在僻。淵臨甚。名楷。不兼長史。委以將任。尋值鮮于修禮毛普
賢等率北鎮流民。反於州西北之左人城。屠村掠野。引向州城。
〃〃之內。先有燕恒雲三州避難之戶。皆依傍市鄽。草茅攢住。
修禮等聲云欲收此輩。共為舉動。（六八上）

魏書高謙之傳（崇子，見崇傳）：道穆。行宮糾彈。正光中出使。相州刺史李
世哲。即尚書令崇之子。貴盛一時。多有非法。逼買民宅。廣興屋宇。
皆置鴟尾。又於馬埒堠上為木人執節。道穆繩糾。悉毀去之。（七七
七一〇上）

魏書咸陽傳：于時宮殿初構。經始務廣。兵民運材。日有萬計。伊洛
流澌。苦於厲涉。遂啟求於此造浮航。高祖賞納之。（七九二下）

魏書鹿悆傳：雖任居通顯。……而自無室宅。常假賃居止。(七九)

又張熠傳：永寧中。寺塔大興。經營務廣。靈太后幸作所。凡有顧問。熠敷陳指畫。無所遺闕。太后善之。(七九)

又李業興傳：遷鄴之始。起部郎中辛術奏曰。今皇居徙御。百度創始。營構一興。必宜中制。上則憲章前代。下則模寫洛京。今鄴都雖舊。基址毀滅。又圖記參差。事宜審定。臣雖曰職司。學不稽古。國家大事。非敢專之。通直散騎常侍李業興。碩學通儒。博聞多識。萬門千戶。所宜訪詢。今求就之。披圖案記。考定是非。參古雜今。折中為制。召畫工并所須調度。具造新圖。申奏取定。庶經始之日。執事無疑。詔從之。(八四)

魏書恩倖傳王叡子椿園宅華廣（九三）止　寇猛宅宇高華。（止）趙

脩又為脩增廣宅舍，世宗多所并兼，洞門高堂，房廡周博，崇麗擬

於諸王。其四面鄰居，賂入其地者，侯天盛兄弟越次出補長史

大郡。（止）徙敦煌為兵，其家宅作徒，即仰停罷。（止）茹皓世宗時

皓性微工巧，多所興立。為山於天淵池西，採掘北邙及南山佳

石，徙竹汝潁，羅蒔其間，經構樓館，列於上下，樹草栽木，頗有野

致，世宗心悅之，以時臨幸。（止）

又閹官傳王遇……世宗初，兼將作大匠……（止）遇性巧，強於部分。

北都方山靈泉道俗居宇，及文明太后陵廟，洛京東郊馬射壇

殿，脩廣文昭太后墓園，太極殿及東西兩堂內外諸門制度，皆

盛顯作。種車依耆老。頗多不備。跨鞍驅馳。與少壯均其勞逸。

……並龍於蒙和。魏求舊所。趙倩之寵也。並種選宗奴。受勅為

之鹽作第宅。營於本部。營繕作人。莫不嗟怨。卒於宮。究の（67）

號叱鐵弗傳屈孑。蒸土以築都城。鐵錐刺入一寸。即殺作人而并

築之。究五（75）初屈孑性驕。好治宮室。城高十仞。基厚三十步。

上廣十步。宮牆五仞。其堅可以礪刀斧。臺榭高大。飛閣相連。皆

雕鏤圖畫。被以綺繡。飾以丹青。窮極文彩。世祖顧謂左右曰。蕞

爾小國。而用民如此。雖欲不亡。其可得乎。（延）

又後燕慕容熙傳。起龍騰苑。廣袤十餘里。役徒二萬人。起景雲

山於苑內。基廣五百步。高十七丈。又起逍遙宮甘露殿。連房數

而觀閣相交。鑿天河渠。引水入宫。又爲昭儀苻氏鑿曲光海清涼池。季夏盛暑不得休息。暍死者大半。二卜又爲其昭儀起承華殿。負土於北門。土與穀同價。（卅五下）過

魏書私署涼州牧使覽侍殿。以築統萬城。起儀光殿於其中。窮極琢功。又四面起一殿。東曰宣陽青殿。南曰朱陽赤殿。西曰白德白殿。北曰玄武黑殿。服章器物。皆依色。隨四時居之。其旁有百官寺署。一依方色。其層僧各如此。止（卅九下）過

又勿吉傳。其地下濕。築城穴居。屋形似塚。開口於上。以梯出入。上百

（卅上）過

又烏洛侯傳。其土下濕。多霧氣而寒。民冬則穿地爲窟。夏則隨原

草畜牧。（百五上）

魏書天象志：天賜二年……明年。六月。發八部人。自五百里內繕修都城。魏於是始有邑居之制度。（隋三五下）

又釋老志：恭宗見謙之奏造靜輪宮。必令其高不聞雞鳴[redacted]狗吠之聲。欲上與天神交接。功役萬計。經年不成。乃言於世祖曰。人天道殊。卑高定分。今謙之欲要以無成之期。說以不然之事。財力費損。百姓疲勞。無乃不可乎。必如其言。未若因東山萬仞之上。為功差易。世祖深然恭宗之言。但以崔浩贊成。[redacted]難違其意。沉吟者久之。乃曰。吾亦知其無成。事既爾。何惜五三百功。（[illegible]）

北齊書神武帝紀：後從爾朱榮徙據并州。抵揚州邑人龐蒼鷹。止團焦中。……及自立。以其宅爲第。號爲南宅。雖門巷開廣。堂宇崇麗。其本所住團焦。以石堊塗之。留而不毀。至文宣時遂爲宮。(2)

(p.2)

北齊書文宣紀天保九年八月。先是發丁匠三十餘萬。營三臺於鄴下。因其舊基而高博之。大起宮室及游豫園。至是。三臺成。改銅爵曰金鳳。金獸曰聖應。冰井曰崇光。(p.65)

又。又多所營繕。百役繁興。舉國騷擾。公私勞弊。(p.105) 廢帝紀文

宣廟。……方乃即帝位。……土木營造金銅鐵雜作工。一切停罷。(p.110)

又後主紀。承武成之奢麗。以爲帝王當然。乃更增益宮苑。造偃武

脩文臺。其嬪嬙諸宮中。起鏡殿寶殿瑇瑁殿。丹青彫刻。妙極當時。又於晉陽起十二院。壯麗逾於鄴下。所愛不恆。數毀而又復。夜則以火照作。寒則以湯為泥。百工困窮。無時休息。鑿晉陽西山為大佛像。一夜然油萬盆。光照宮內。又為胡昭儀起大慈寺。未成。改為穆皇后大寶林寺。窮極工巧。運石填泉。勞費億計。人牛死者。不可勝紀。……又於華林園立貧窮村舍。帝自弊衣為乞食兒。又為窮兒之市。躬自交易。（卷八）

北齊書文襄六王傳河南康舒王孝瑜。初文襄於鄴東起山池遊觀。時俊賞之。孝瑜遂於第作水堂龍舟。植幡矟於舟上。數集諸弟宴射為樂。武成幸其第。見而悅之。故盛興後園之翫。（卷十一）

北齊書高隆之傳：又領營構大將軍。京邑制造，莫不由之。增築南城，周迴二十五里。以漳水近於帝城，起長隄以防汎溢之患。又鑿渠引漳水，周流城郭，造治碾磑，並有利於時。（十八2上）

又陽斐傳：東郡太守陸士佩以黎陽關河形勝，欲因山即壑，以爲公家苑囿。遣斐書曰：當諮大將軍，以足下爲匠者。斐答書拒……

……觀車（車在）（四二2上）

端門掖門。官門正南門曰端門，左右二門謂之左掖門、右掖門。

聽事。中庭曰聽事，魏晉皆作聽事，六朝以來乃始加广作廳，並他經。通鑑晉愍帝建興二年注（八九2上）：來督係所之之室，往諸學也。中庭曰聽事，言受事察訟於是也……（卅二3下）

覽次。出宿於郊，上無家室。（通鑑晉愍帝建興四年注（八九19上））

獼猴梯。通鑑晉穆帝永和四年石宣使楊柸等緣獼猴梯而入

殺石韜注梯如而長人以獼猴攀緣而上故曰獼猴梯（九八上）

穹廬。北狄之長為大氈帳環設兵衛氈帳唐人謂之穹廬因曰

廬帳 通鑑晉孝武帝太元元年注（104 3下）

凡城內牙城晉宋時謂之金城 通鑑晉安帝義熙八年注（[illegible]）陳宣帝太建五年注稍詳 以來率謂中城為金城（[illegible]9上）

行宮〃闕。天子出〃幸所居之所謂之〃宮豹尾之內同之禁

中旌門之外謂之〃闕 通鑑宋文帝元嘉三十年注（[illegible]7下）

黃閤。舊制三公聽事置黃閤五代志曰三公府三門當中開黃閤

閤設內爵 通鑑宋文帝元嘉三十年注（[illegible]8上）

采椽不斲。徐廣曰采一名櫟一作柞索隱曰采木名即今之櫟

木也。余謂采椽者蓋自山采來之椽，因而用之，不施斧斤，示樸也。通鑑宋明帝泰始七年注（鑑41）。

弄亦作庰。丁度集韻曰：弄，廄也；庰也。亦作庰。通鑑齊明帝建武元年注（鑑九十）。

墅別業。田廬曰墅。今人謂之別業。晉人以來往往治池館觀游於其中。通鑑齊和帝中興元年注（鑑四五）。

解讀曰廨。通鑑梁武帝天監元年詔凡後宮樂府西解暴室諸婦女一皆放遣注（鑑……上）。

胡床即交床、交椅。通鑑梁武帝大通元年注：胡床即今之交床。隋惡胡字，改曰交床，今之交椅是也。事可見胡氏。時尚無椅字（鑑……上）。

便殿。杜佑曰：凡言便殿、便坐者，皆非正大之處。又曰：便殿，寢側之別殿。通鑑梁武帝太清三年注（鑑……上）。

板障。通鑑梁簡文帝大寶二年，大宗自出繫之後，無復侍者及

紙，乃書壁及板障為詩及文數百篇（上），桂間不為壁，以板為障

施以丹漆因謂之板障（胡注5下）

龍尾。通鑑陳宣帝太建十二年……鄴城破，迥（尉遲迥）自升樓

弘度（崔弘度）直上龍尾追之（上）。注：華達陂陀以上城，其道下附於地

若龍垂尾然，故曰龍尾（上）（胡注七の上8）

圍住。無礙錄十七史商榷說似未安 叢学備要本史部の九4上

城堆備守。閑於高祖時，沿平壤城，其城東西五里，南臨浿水，城

內唯積倉儲器，備寇賊至之日，方入。固守。王別則為宅於其側，不

常居之。（四夷傳）（上）

白楊塲及材 齊民要 術三 90

種樹為籬 齊民要 術の作

州治無人 民閒故址 卅

幡竿高十餘丈 八 97 林史 七

营造

石城 宫观门阁 累埒 雉堞

水经获水注 23·21 22

營造史事

魏明帝太和殿準價八百餘萬

水經洧水注 22 17

营造

暖室可容千人

水經饒丘水注卅行

營造

板屋

水經渭水注 17

謹悉

廊基用石

此種何此區 廿四、十七

營造

竟陵馳道甬磚

武進錢孫生 24 11 1

营造

後魏宫室

出徑陽所住 13 9

營造

石趙宮殿之侈

水經濁漳水注卷十頁九十二又濁水注138

[redacted]营造
の史迹写真
出版注十九、七

營造

慈石門

水經渭水注 19 6

營造

千秋亭累石為垣

北煙穀以作 16.2

以故碑為殿基

天 16.11

營造

石室雕刻

水經沔水注 八卷六葉廿九

金臺鐫刻

又易水注 平十一道

梁冀苑

水經穀水注 16 19

營造

寧止靈基

水經穀水注 16 21

营造
平乐观

營造

靈光殿基

水經河水注 廿五·六

营造

結構水居

水經·江水注 卅三〇十六

書達

鄴西三臺

水經濁漳水注十、九、十

营造

夜宿亭中

水經渭水注 18四

營造

附輔井山

水經淄水注 26頁

營造

高臺

水經沔水注 廿八・21/22

清水注 廿・十一

營造

石廊 汲水注 廿三・十七

水經湛水注 卅九・9923

濩水注 卅・の

石橋 濩水注 卅・ㄌ

石樓 清水注 卅・九

石殿 又 卅・十

營造

梁收基

水經渠水注 22/13

水中有基

水經渠水注 22/40

營造

戶牖扇廊諸名

由禮經證明注卅

原處

註明注 卅四

营造

韩禹墓

山陵仲外法 八三

居

居住方式，則地下窰洞，多於地上房屋。往往有所謂村落也者，地面上並不見有房舍，而地下却有若干人家。窰洞大概可以分爲兩種，一種係在黃土斷崖邊，並列向裏掘入，成爲若干互不相通的單窰。又有自平地掘入，先成一大平底四方阱，然後從四壁各自向裏挖成若干單窰，更自阱外地面掘斜洞以通於阱中，成爲過道。亦儼然有院落之形式。土窰冬暖夏凉，除光線與衛生問題，値得相當研究外，殆爲西北上最理想之住居辦法。窰洞上可以行人馬，可以走較重大車。

從近代都會設備上言之，西北之窰洞，且將爲一般之模範也。

寧縣慶陽合水環縣之地

長城

儒者所聞只曰西戎卷有長城經何武到塞上注

一史記蘇秦說魏王曰大王之地西有長城之界

又濟南處有長城到東海上一史記蘇代說燕

曰齊有長城巨防巨防即防門

師古曰謂郊牛傷死是天不欲饗其祀死則災燔其廟師古曰成三年新宮災新宮者宣之廟也以其新成故謂之新宮董仲舒指略同秦孝文王五年斿朐衍有獻五足牛者

師古曰朐衍地名在北地朐音許于反劉向以爲近牛禍也先是文惠王初都咸陽廣大宮室南臨渭北臨涇思心失逆土氣足者止也戒秦
建止奢泰將致危亡如淳曰建立基止泰奢也秦遂不改至於離宮三百復起阿房未成而亡一曰牛以力爲人用足所以行也其後秦
大用民力轉輸起負海至北邊師古曰負海猶言背海也天下叛之京房易傳曰興繇役奪民時厥妖牛生五足景帝中六年梁孝王田
北山有獻牛足上出背上劉向以爲近牛禍先是孝王驕奢起苑方三百里宮館閣道相連三十餘里納於邪臣羊勝之計
欲求爲漢嗣刺殺議臣爰盎事發負斧歸死既退歸國猶有恨心內則思慮霿亂外則土功過制故牛旤作足而出於背下奸
上之象也師古曰奸犯也音干猶不能自解發疾暴死又凶短之極也左氏傳昭公二十一年春周景王將鑄無射鍾師古曰鑄鐘中無射之律也射音弋
石反泠州鳩曰應劭曰泠官也州鳩名也師古曰樂官曰泠後遂以爲氏泠音零其字從水王其以心疾死乎夫天子省風以作樂應劭曰風土地風俗也省中和之風以作樂然後可移惡風易惡俗
也臣瓚曰省風俗之流遷作樂以救其弊也師古曰應說是也省觀也小者不窕大者不摦師古曰窕輕小也摦橫大也窕音他堯反摦音胡化反摦則不容心是以感感實生疾今鍾摦
矣王心弗戓孟康曰戓古堪字其能久乎劉向以爲是時景王好聽淫聲適庶不明師古曰適讀曰嫡謂太子壽卒立子猛爲嗣後又欲立子朝也王思心霿亂明年以
心疾崩近心腹之痾凶短之極者也昭二十五年春魯叔孫昭子聘于宋元公與燕飲酒樂語相泣也師古曰昭子叔孫婼也元公宋平公子也相泣
相對而俱泣也樂祁佐師古曰樂祁宋司城子梁也佐佐酒告人曰今茲君與叔孫其皆死乎吾聞之哀樂而樂哀皆喪心也師古曰哀樂可樂而反哀也樂哀可哀而反樂也喪
失之也心之精爽是謂魂魄魂魄去之何以能久冬十月叔孫昭子死十一月宋元公卒昭帝元鳳元年九月燕有黃鼠銜其尾
舞王宮端門中往視之鼠舞如故王使夫人以酒脯祠鼠舞不休夜死黃祥也時燕刺王旦謀反將敗死亡象也其月發覺伏
辜京房易傳曰誅不原情厥妖鼠舞門成帝建始元年四月辛丑夜西北有如火光壬寅晨大風從西北起雲氣赤黃四塞
天下終日夜下著地者黃土塵也是歲帝元舅大司馬大將軍王鳳始用事又封鳳母弟崇爲安成侯食邑萬戶庶弟譚等
五人賜爵關內侯食邑三千戶師古曰譚商音根逢時凡五人復益封鳳五千戶悉封譚等爲列侯是爲五侯哀帝卽位封外屬丁氏傅氏
周氏鄭氏凡六人爲列侯師古曰外戚傳傅太后弟子喜封高武侯晏封孔鄉侯商封汝昌侯同母弟鄭業爲陽信侯丁太后兄明封陽安侯子滿封平周侯傅氏鄭氏侯者四人丁氏侯者二人今此言六人爲列侯其
數是也[illegible]氏鄭氏則有之而不見周[illegible]志傳不同未詳其意楊宣對曰五侯封日天氣赤黃丁傅復然服虔曰楊宣諫大夫也此殆爵土過制傷亂土氣之祥
也京[illegible]曰經稱觀其生師古曰易觀卦上九爻辭言大臣之義當觀賢人知其性行推而貢之否則爲聞善不與茲謂不知師古曰徙知之
而戶進助[illegible]厥異黃厥咎聾厥災不嗣黃者日上黃光不散如火然有黃濁氣四塞天下蔽賢絕道故災異至絕世也經曰良
馬逐[illegible]曰此易大畜九三爻辭逐逐進也言大臣得賢者謀當顯進其人否則爲下相攘善師古曰攘卻也言不進達之也一曰[illegible]

長城

隋長陳燕 曹郎之業 杜之業之邑呂長城覽

旦方城

如□反 其十二月羽獵 服虔曰士負羽 雄從以爲昔在二帝三王 應劭曰二帝堯舜三王夏殷周 宮館臺榭沼池苑囿林麓藪澤財足以奉郊廟御賓客

充庖廚而已 師古曰財讀與纔同御待也充當也○蕭該音義曰林麓字林守山澤吏御五舉反 不奪百姓膏腴穀土桑柘之地女有餘布男有餘粟國家殷富上下交

足故甘露零其庭醴泉流其唐 應劭曰爾雅廟中路謂之唐 鳳凰巢其樹黃龍游其沼麒麟臻其囿神爵棲其林昔者禹任益虞而上下和

屮木茂 師古曰益臣名也任以爲虞虞主山澤之官也上山也下平地也屮古草字○宋祁曰益韋昭作嗌古益字 成湯好田而天下用足文王囿百里民以爲尚小齊宣王囿四

十里民以爲大裕民之與奪民也 師古曰裕饒也○宋祁曰大字上當有泰字 武帝廣開上林南至宜春鼎胡御宿昆吾 晉灼曰鼎胡宮也黃圖以爲在藍田昆吾地名也有

亭 師古曰宜春近下杜御宿在樊川西也○宋祁曰御蕭該音義曰家說文曰籞禁苑也牛呂反注文樊川西姚本圖作川 旁南山而西至長楊五柞 師古曰旁音步浪反 北繞黃山瀕渭而東 師古曰瀕

渭水涯而東也瀕音頻又音賓 周袤數百里 師古曰袤長也音茂 穿昆明池象滇河 師古曰滇音丁賢反○宋祁曰賢一作玄 營建章鳳闕神明馺娑 師古曰馺娑殿名也馺音先合反娑音先河反 漸

臺泰液 師古曰漸臺在泰液池中漸浸也言爲池水所浸也 象海水周流方丈瀛洲蓬萊 服虔曰海中三山名法效象之 游觀侈靡窮妙極麗雖頗割其三垂以贍齊民

師古曰贍給也齊民解在食貨志 然至羽獵田車戎馬器械儲偫禁禦所營 師古曰營謂圍守也○宋祁曰禦當作籞 尚泰奢麗誇詡 師古曰詡大也音許羽反 非堯舜成湯文

王三驅之意也 師古曰三驅古射獵之等也一爲乾豆二爲賓客三爲充君之庖也○宋祁曰一說三驅者三面驅之闕其一面使有可去之道而不忍盡物蓋先王之仁心也禮所謂天子不合圍者也 又恐後世復修

前好不折中以泉臺 服虔曰魯莊公築泉臺非禮也至文公毀之公羊傳云先祖爲之而毀之勿居而已今揚雄以泉臺喻宮觀之盛非成帝所造勿修而已當以泉臺折中也○宋祁曰注文勿居字上當有不字 故聊因校

獵賦以風 師古曰校獵謂闌守禽獸也風讀曰諷 其辭曰或稱戲農豈或帝王之彌文哉 師古曰或或人云言論質者皆舉伏戲神農爲之首是則豈謂後代帝王彌加文飾乎故論者荅之於下

甘泉本因秦離宮既奢泰 師古曰本秦之林光宮也 而武帝復增通天高光迎風宮外近則洪厓旁皇儲胥弩陆遠則石關封巒枝鵲露寒

棠棃師得遊觀屈奇瑰偉 師古曰棠棃宮在甘泉苑垣外師得宮在櫟陽界其餘皆甘泉苑垣內之宮觀也陆音祛○蕭該音義曰三蒼云山谷爲牛馬圈謂之陆音祛瑰偉字林曰玫瑰火齊珠該案詩云何以贈之瓊瑰玉佩

埤蒼云瑰瑰珠琦也 非木摩而不彫牆塗而不畫周宣所考般庚所遷夏卑宮室唐虞棌椽三等之制也 師古曰小雅斯干之詩序曰宣王考室也考謂成也般庚殷王

名也遷謂遷都亳也唐虞謂堯舜也棌柞木也三等謂土階三等言不過也棌音采又音菜其字從木 且其爲已久矣非成帝所造欲諫則非時欲默則不能已故遂推而隆之迺

於帝室紫宮 師古曰帝室紫宮謂天也 若曰此非人力之所爲黨鬼神可也 師古曰黨音宅莽反 又是時趙昭儀方大幸每上甘泉常法從 師古曰法從從者以言

上當從耳非失禮也一曰從法駕也 在屬車間豹尾中 服虔曰大駕屬車八十一乘作三行尚書御史乘之最後一乘縣豹尾豹尾以前皆爲省中 故雄聊盛言車騎之衆參麗之駕非所以感

不避死亡之誅者臣山是也臣不敢以久遠論願借秦以爲論唯陛下少加意焉夫布衣韋帶之士師古曰言貧賤之人也韋帶以單韋爲帶無飾也○
宋祁曰韋帶南本浙本作革帶修身於內成名於外而使後世不絕息至秦則不然貴爲天子富有天下賦斂重數百姓任罷師古曰數屢也任謂役事也罷
讀曰疲任疲言疲於役使也赭衣半道羣盜滿山師古曰犯罪者則衣赭衣行道之人半著赭衣言被罪者衆也盜賊皆依山爲阻故云滿山也使天下之人戴目而視傾耳而聽師古曰戴目者
言常遠視有異志也傾耳而聽言樂禍亂也一夫大謼天下嚮應者陳勝是也師古曰謼字與呼同謼叫也音火故反嚮讀曰響秦非徒如此也起咸陽而西至雍離宮三
百師古曰凡言離宮者皆謂於別處置之非常所居也鐘鼓帷帳不移而具又爲阿房之殿殿高數十仞師古曰阿房者言殿之四阿皆爲房也一說大陵曰阿言其殿高若於阿上爲房也房字或作
旁說云始皇作此殿未有名以其去咸陽近且號阿旁阿近也八尺曰仞東西五里南北千步從車羅騎四馬騖馳旌旗不橈師古曰橈屈也言庭之廣大殿之高徽象騎馳騖無所迴觸建立旌旗不
屈撓撓音女孝反○宋祁曰注屈撓下當有也字爲宮室之麗至於此使其後世曾不得聚廬而託處焉

建梁

前漢書卷四十七

文三王傳第十七

孝文皇帝四男竇皇后生孝景帝梁孝王武諸姬生代孝王參梁懷王揖師古曰不得其姓氏故曰諸姬言在諸姬之列者也解在高五王傳

梁孝王武以孝文二年與太原王參梁王揖同日立武爲代王四年徙爲淮陽王十二年徙梁自初王通歷已十一年矣師古曰通數其爲王之年孝王十四年入朝十七年十八年比年入朝留師古曰比頻也留謂留在京師其明年乃之國二十一年入朝二十二年文帝崩二十四年入朝二十五年復入朝是時上未置太子與孝王宴飲從容言曰師古曰從音千容反千秋萬歲後傳於王王辭謝雖知非至言然心內喜太后亦然其春吳楚齊趙七國反先擊梁棘壁文穎曰地名殺數萬人梁王城守睢陽師古曰據睢陽城而自守而使韓安國張羽等爲將軍以距吳楚吳楚以梁爲限不敢過而西與太尉亞夫等相距三月吳楚破而梁所殺虜略與漢中分孟康曰梁所虜吳楚之捷略與漢同明年漢立太子梁最親有功又爲大國居天下膏腴地北界泰山西至高陽蘇林曰陳留北縣四十餘城多大縣孝王太后少子愛之賞賜不可勝道師古曰道謂言說○宋祁曰當於言下添也字於是孝王築東苑方三百餘里廣睢陽城七十里師古曰更廣大之也晉太康地記云城方十三里梁孝王築之鼓倡節杵而後下和之者稱睢陽曲今踵以爲故今之樂家睢陽曲是其遺音大治宮室爲復道自宮連屬於平臺三十餘里如淳曰平臺在大梁東北離宮所在也晉灼曰或說在城中東北角師古曰今其城東二十里

又以賢妻父爲將作大匠弟爲執金吾詔將作大匠爲賢起大第北闕下○重殿洞門○師古曰重殿謂有前後殿洞門謂門門相當也皆僭天子之制度者也木土之功窮極技巧○柱檻衣以綈錦○師古曰檻謂軒闌之板也綈厚繒也音徒奚反下至賢家僮僕皆受上賜及武庫禁兵上方珍寶其選物上弟盡在董氏而乘輿所服廼其副也

苑囿

遺細君初建元三年微行始出北至池陽西至黃山晉灼曰宮名在槐里南獵長楊東游宜春師古曰宜春宮也在長安城東南說者乃以為在鄠非也在鄠者自是宜春觀耳在長安城西豈得言東游也微行常用飲酎已師古曰酎酒新熟以祭宗廟也酎音紂解在景紀八九月中與侍中常侍武騎及待詔隴西北地良家子能騎射者期諸殿門故有期門之號自此始微行以夜漏下十刻迺出常稱平陽侯如淳曰平陽侯曹壽尚帝姊時見尊寵故稱之旦明入山下馳射鹿豕狐兔手格熊羆馳騖禾稼稻秔之地師古曰稻有芒之穀總稱也秔其不黏者也音庚民皆號呼罵詈師古曰呼音火故反相聚會自言鄠杜令令往欲謁平陽侯諸騎欲擊鞭之令大怒使吏呵止獵者數騎見留迺示以乘輿物久之迺得去時夜出夕還後齎五日糧會朝長信宮師古曰五日一朝長信宮故齎五日糧也長信太后之宮也上大驩樂之是後南山下乃知微行數出也然尚迫於太后未敢遠出丞相御史知指師古曰指謂天子之意也乃使右輔都尉徼循長楊以東師古曰徼遮繞也循行視也徼音工釣反右內史發小民共待會所師古曰共讀曰供後迺私置更衣師古曰為休息易衣之處亦置宮人○劉敞曰更衣休息處爾非必有宮人也史文自無之後傳田延年起至更衣然則貴賤同此名也從宣曲以南十二所中休更衣師古曰宣曲宮名在昆明池西投宿諸宮師古曰晝休更衣夜則別宿於諸宮長楊五柞倍陽宣曲尤幸師古曰倍陽即萯陽也其音同耳宮名在鄠縣也於是上以為道遠勞苦又為百姓所患迺使太中大夫吾丘壽王與待詔能用算者二人舉籍阿城以南師古曰舉計其數而為簿籍也阿城本秦阿房宮也以其牆壁崇廣故俗呼為阿城盩厔以東宜春以西提封頃畝及其賈直師古曰提封亦謂提舉四封之內總計其數也賈讀曰價欲除以為上林苑屬之南山師古曰屬連也音之欲反又詔中尉左右內史表屬縣草田欲以償鄠杜之民師古曰時未為京兆馮翊扶風故云中尉及左右內史也草田謂荒田未耕墾也吾丘壽王奏事上大說稱善師古曰說讀曰悅時朔在傍進諫曰臣聞謙遊靜慤天表之應應之以福師古曰慤謹也音口角反○宋祁曰遊當作遜驕溢靡麗天表之應應之以異今陛下累郎臺恐其不高也師古曰郎堂下周屋弋獵之處恐其不廣也如天不為變則三輔之地盡可以為苑何必盩厔鄠杜乎師古曰中尉及左右內史則為三輔矣非必謂京兆馮翊扶風也學者疑此言為後人所增斯未達也奢侈越制天為之變上林雖小臣尚以為大也夫南山天下之阻也南有江淮北有河渭其地從汧隴以東商雒以西服虔曰商雒上雒二縣也師古曰汧汧水也隴隴坻也厥壤肥饒漢興去三河之地止霸產以西都涇渭之南此所謂天下陸海之地師古曰高平曰陸關中地高故稱陸耳海者萬物所出言關中山川物產饒富是以謂之陸海也秦之所以虜西戎兼山東者也其山出玉石金銀銅鐵豫章檀柘異類之物不可勝原師古曰原本也言說不能盡其根本此百工所取給萬民所卬足也師古曰卬音牛向反又有秔稻梨栗桑麻竹箭之饒土宜薑芋水多鼃魚師古曰芋草名其根可食鼃即蛙字也似蝦蟆而小長腳蓋人亦取食之貧者得以人給家足無飢寒之憂故酆鎬之間號為土膏其賈畝一金師古曰賈讀曰價今規以為苑絕陂池水澤之利而取民膏腴之地上乏國家之用下奪農桑之業棄成功就敗事損耗五穀師古曰耗減也音呼到反是其不可一也且盛荊棘之林而長養麋鹿廣狐兔之苑大虎狼之虛師古曰虛讀曰墟又壞人冢墓發人室廬令幼弱懷土而思耆老泣涕而悲是其不可二也斥而營之垣而囿之師古曰斥却也騎馳東西車騖南北師古曰亂馳曰騖又有深

溝大渠夫一日之樂不足以危無隄之輿蘇林曰隄限也輿乘輿也無限若言不營也不敢斥天子故言輿也張晏曰一日之樂謂田獵也無隄之輿謂天子富貴無隄限也師古曰張說是也隄音丁奚反○劉敞曰
不足以危不字當作亦隄猶防也言車輿馳騁不爲防慮必有顛墜之變是其不可三也故務苑囿之大不恤農時非所以彊國富人也夫殷作九市之宮而諸侯畔
應劭曰紂於宮中設九市靈王起章華之臺而楚民散師古曰楚靈王作章華之臺納亡人以實之卒有乾谿之禍也章華臺在華容城也秦興阿房之殿而天下亂糞土愚臣忘生觸
死師古曰忽忘其生而觸死罪也逆盛意犯隆指罪當萬死不勝大願願陳泰階六符孟康曰泰階三台也每台二星凡六星符六星之符驗也應劭曰黃帝泰階六符經曰泰階者天之三階也上階爲
天子中階爲諸侯公卿大夫下階爲士庶人上階上星爲男主下星爲女主中階上星爲諸侯三公下星爲卿大夫下階上星爲元士下星爲庶人三階平則陰陽和風雨時社稷神祇咸獲其宜天下大安是爲太平三階不平則五神乏祀日有食之沐禍不
浸降穡不成冬雷夏霜百姓不寧故治道傾天子行暴令好興甲兵修宮榭廣苑囿則上階爲之奄奄闊也以孝武皆有此事故朔爲陳之○宋祁曰奄奄當作奢奢以觀天變不可不省是日因奏泰階之事上
迺拜朔爲太中大夫給事中賜黃金百斤然遂起上林苑如壽王所奏云

石建

建老白首萬石君尚無恙建爲郎中令每五日洗沐歸謁親【集解】文穎曰郎五日一下【正義】孔文祥云建爲郎中令卽光祿勳九卿之職也直五日一下也按五日一下直洗沐入子舍【索隱】案劉氏謂小房內非正室也小顏以爲子之舍若今諸房也竊問侍者取親中帬廁腧身自浣滌【集解】徐廣曰腧築垣短板也音住廁腧謂廁溷垣牆建隱於其側浣滌也一讀腧爲竇音豆言建又自洗蕩廁竇廁竇瀉除穢惡之穴也呂靜曰楲窬褻器也音威豆駰案蘇林曰腧音投賈逵解周官楲虎子也窬行清也孟康曰廁行清窬行中受糞者也東南人謂鑿木空中如曹謂之窬晉灼曰今世謂反閉小袖衫爲侯窬廁此最廁近身之衣也【索隱】案親謂父也中帬近身衣也徐廣云腧短板以築廁牆未知其義何從恐非也復與侍者不敢令萬石君知以爲常建爲郎中令事有可言屛人恣言極切至廷見如不能言者是以

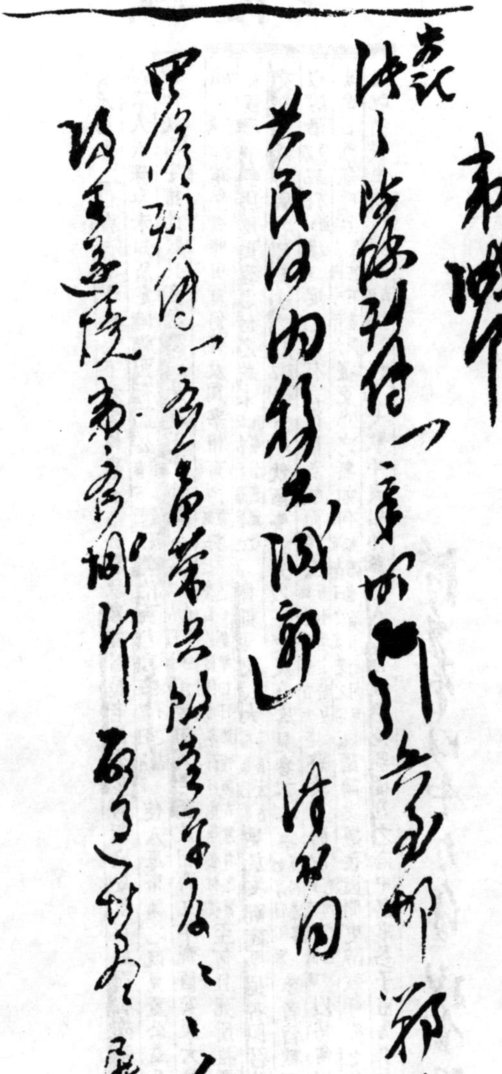

曹參

齊丞相參之相齊齊七十城天下初定悼惠王富於春秋參盡召長老諸先生問所以安集百姓而齊故諸儒以百數師古曰數音所具反言人人殊參未知所定聞膠西有蓋公師古曰蓋音古盍反善治黃老言張晏曰黃帝老子之書使人厚幣請之既見蓋公蓋公爲言治道貴清靜而民自定推此類具言之參於是避正堂舍蓋公焉師古曰舍止也其治要用黃老術故相齊九年齊國安集大稱賢相蕭何薨參注文無師古曰三字始參微時與蕭何善及爲宰相有隙師古曰參自以戰鬬功多而封賞每在何後故怨何也○劉奉世曰此特師古意料之爾至何且死所推賢唯參參代何爲相國舉事無所變更壹遵何之約束師古曰舉皆也言凡事皆無變改擇郡國吏長大孟康曰取年長大者訥於文辭謹厚長者即召除爲丞相史吏言文刻深欲務聲名輒斥去之師古曰斥卻也日夜飲酒卿大夫以下吏及賓客見參不事事如淳曰不事丞相之事來者皆欲有言至者參輒飲以醇酒師古曰醇酒不澆謂厚酒也度之欲有言復飲酒醉而後去師古曰度音大各反飲音於禁反終莫得開說如淳曰開謂有所啓白以爲常相舍後園近吏舍吏舍日飲歌呼師古曰呼音火故反其下並同從吏患之無如何師古曰從吏吏之常從相者也從音材用反迺請參遊後園聞吏醉歌呼從吏幸相國召按之乃反取酒張坐飲師古曰張設坐席而飲也坐音才卧反大歌呼與相和參見人之有細過掩匿覆蓋之府中無事參子窋爲中大夫師古曰窋音張律反惠

蹟參當同本傳 移曹相國世家

肆第

陳丞相世家」負陸亦見世家、乃負郭

窮巷以弊席為門乚

以至　建

不恨矣何置田宅必居窮處爲家不治垣屋曰後世賢師吾儉不賢毋爲勢家所奪孝惠二年相國何卒【索隱】按東觀漢記云蕭何墓在長陵東司馬門道北百步【正義】括地志云蕭何墓在雍州咸陽縣東北三十七里謚爲文終侯【集解】徐廣曰功臣表云酇侯何以客初起從也後嗣以罪失侯者四世絕天子輒復求何後封續酇侯功臣莫得比焉

蕭相國世家

建築

吳楚破，而梁所破殺虜略與漢中分。【集解】駰案漢書音義曰梁所虜吳楚之捷略與漢等。明年，漢立太子。其後梁最親，有功，又爲大國，居天下膏腴地。地北界泰山，西至高陽，【集解】徐廣曰在陳留圉縣。駰案司馬彪曰圉有高陽亭也。【索隱】圉縣屬陳留，高陽鄉名也。此引司馬彪者，出續漢書郡國志也。四十餘城，皆多大縣。孝王，竇太后少子也，愛之，賞賜不可勝道。於是孝王築東苑，【索隱】築謂建也。白虎通云苑所以東者何？蓋以東方生物故也。方三百餘里。【索隱】蓋言其奢，非實辭。或言梁國封域之方。【正義】括地志云苑圍在宋州宋城縣東南十里。葛洪西京雜記云梁孝王苑中有落猿巖、棲龍岫、鴈池、鶴洲、鳧島，諸宮觀相連，奇果佳樹，瑰禽異獸，靡不畢備。俗人言梁孝王竹園也。廣睢陽城七十里。【索隱】蘇林云廣其城也。太康地理記云城方十三里，梁孝王築之，鼓倡節杵而後下和之者稱睢陽曲，今踵以爲故，所以樂家有睢陽曲，蓋採其遺音也。大治宮室，爲複道，自宮連屬於平臺五十餘里。【集解】徐廣曰睢陽有平臺里。駰案如淳曰在梁東北，離宮所在也。晉灼曰或說在城中東北角。【索隱】如淳曰在梁東北，離宮所在也。按今城東二十里臨新河有故臺址，不甚高，俗云平臺，又一名脩竹院。西京雜記云有落猿巖、鳧洲、鴈渚，連亙七十餘里，是也。得賜

界畫名家

史記趙世家成侯……六年中山築長城……

地理

地理

敗湪澤[正義]湪音濁徐廣云長社有濁澤非也括地志云濁水源出蒲州解縣東北平地爾時魏都安邑韓趙伐魏豈河南至長社也解縣濁水近於魏都當是也圍魏惠王七年侵齊至長城[正義]齊長城西頭在齊州平陰縣太山記云太山西北有長城緣河經太山千餘里至琅邪台入海括地志云所侵處在密州南三十里也與韓攻周八年與韓分周以爲兩[集解]徐廣曰顯王二年周紀無此[正義]括地志云史記周顯王二年西周惠公封少子班於鞏爲東周其子武公爲秦所滅郭緣生述征記云鞏縣本周鞏伯邑九年與齊戰阿下[集解]徐廣曰戰亦作會也[正義]阿東阿也今濟州東阿縣也十年攻衛取甄十一

趙世家

……十七年圍魏黃不克[集解]駰案地理志云山陽有黃縣[正義]黃城在魏州前拔之郤爲魏今趙圍之矣築長城[正義]劉伯莊云蓋從雲中以北至代按趙長城從嵐州北西至嵐州北盡趙界又疑此長城在漳水之北趙南界十八年齊魏伐我我決河水灌之兵去二十二年張儀相秦趙疵與秦戰敗秦殺疵河西取代藺離石二十三年

趙世家

衛宋鄭君來朝[索隱]紀年魯恭侯宋桓侯衛成侯鄭釐侯來朝皆在十四年鄭釐侯者韓昭侯也韓哀侯滅鄭而徙都之遂改號曰鄭十六年與秦孝公會杜平侵宋黃池宋復取之十七年與秦戰元里秦取我少梁圍趙邯鄲十八年拔邯鄲趙請救于齊齊使田忌孫臏救趙敗魏桂陵十九年諸侯圍我襄陵築長城塞固陽[正義]塞先代反括地志云櫚陽縣漢舊縣也在銀州銀城縣界按魏築長城自鄭濱洛北達銀州至勝州固陽縣爲塞也固陽有連山東至黃河西南至夏會等州櫚音固二十年

魏世家

地理

長城

衞桓公卒【索隱】紀年梁惠王十三年當齊桓公十八年後威王始見則桓公十九年而卒與此不同子威王因齊立是歲故齊康公卒絕無後奉邑皆入田氏齊威王

乾隆四年校刊

史記卷四十六田敬仲完世家

十六

元年三晉因齊喪來伐我靈丘【正義】靈丘河東蔚州縣故靈丘此時屬齊三晉因喪伐之韓魏趙世家云伐齊至靈丘皆是蔚州三年三晉滅晉後而分其地六年魯伐我入陽關【集解】徐廣曰在鉅平【正義】括地志云魯陽關故城在兗州博城縣南二十九里西臨汶水也晉伐我至博陵【正義】在濟州西界也七年衞伐我取薛陵九年趙伐我取甄威王初即位以來不治委政卿大夫九年之間諸侯並伐國人不治於是威王召即墨大夫而語之曰自子之居即墨也【正義】萊州膠水縣南六十里即墨故城是也毀言日至然吾使人視即墨田野闢民人給官無留事東方以寧是子不事吾左右以求譽也封之萬家召阿大夫語曰自子之守阿譽言日聞然使使視阿田野不闢民貧苦昔日趙攻甄【正義】音絹即濮州甄城縣北合在即墨字上也子弗能救衞取薛陵子弗知是子以幣厚吾左右以求譽也是日烹阿大夫及左右嘗譽者皆并烹之遂起兵西擊趙衞敗魏於濁澤而圍惠王惠王請獻觀以和解趙人歸我長城於是齊國震懼人人不敢飾非務盡其誠齊國大治諸侯聞之莫敢致兵於齊二十餘年騶忌子以鼓琴見威王威王說而舍之右室須臾王鼓琴騶忌子推戶入曰善哉鼓琴王勃然

地理

齊之長城

楚王與秦三晉燕共伐齊取淮北十六年與秦昭王好會於鄢其秋復與秦王會穰十八年楚人有好以弱弓微繳加歸鴈之上者頃襄王聞召而問之對曰小臣之好射鶀鴈羅鸗【集解】徐廣曰呂靜曰鸗野鳥也音龍【索隱】鶀音其小鴈也鄒誕鸗音盧動反劉氏音龍是小鳥名小矢之發也何足為大王道也且稱楚之大因大王之賢所弋非直此也昔者三王以弋道德五霸以弋戰國故秦魏燕趙者鶀鴈也齊魯韓衛者青首也【索隱】小鳧有青首者鄒費郯邳者羅鸗也【索隱】鄒費音騶祕外其餘則不足射者見鳥六雙以王何取【索隱】以喻下文秦趙等十二國故云六雙王何不以聖人為弓以勇士為繳時張而射之此六雙者可得而囊載也其樂非特朝夕之樂也【索隱】夕猶昔也其獲非特鳧鴈之實也王朝張弓而射魏之大梁之南加其右臂而徑屬之於韓則中國之路絕而上蔡之郡壞矣還射圉之東【索隱】還音患遶也射音石解魏左肘【索隱】解音紀買反而外擊定陶則魏之東外棄而大宋方與二郡者舉矣【正義】圉音語城在汴州雍丘縣東言王朝張弓射魏大梁汴州之南與加大梁之右臂連韓鄭則河北中國之路向東南斷絕則韓上蔡之郡自被壞矣復遶射雍丘圉城之東便解散魏左肘宋州而外擊曹定陶及魏棄之外解棄則宋方與兩郡並舉且魏斷二臂顛越矣膺擊郯國大梁可得而有也王綪繳蘭臺【集解】徐廣曰綪縈也音爭蘭一作簡【正義】鄭玄云綪屈也江沔之間謂之縈收繩索綪也按繳絲繩繫弋射鳥也若膺擊郯國大梁已了乃收弋繳於蘭臺蘭臺桓山之別名也飲馬西河定魏大梁此一發之樂也若王之於弋誠好而不厭則出寶弓碆新繳【集解】徐廣曰以石傅弋繳曰碆碆音波【索隱】碆作磻音播傅音附射噣鳥於東海還蓋長城以為防【集解】徐廣曰噣一作獨還音宦蓋一作盆盆縣在樂安蓋縣在泰山濟北盧縣有長城東至海也【索隱】噣音晝謂大鳥之有鉤喙者以比齊也還音患謂遶也蓋者覆也言射者環遶蓋覆使無飛走之路因以長城為防也徐以蓋為盆縣非也地理志云長城在濟南也【正義】太山記云太山西北有長城緣河徑太山千餘里至琅邪臺入海齊記云齊宣王乘山嶺之上築長城東至海西至濟州千餘里以備楚括地志云長城西北起濟州平陰縣緣河歷太山北岡上經濟州淄州即西南兗州博城縣北東至密州琅邪臺入海蘇代記云齊有長城巨防足以為塞也朝射東莒【正義】括地志云密州莒縣故莒子國地理志云周武王封少昊之後嬴姓於莒始都計斤春秋時徙居莒也夕發浿丘【集解】徐廣曰在濟河【正義】括地志云浿丘丘名也在青州臨淄縣西北二十五里也夜加即墨顧據午道【索隱】顧反也午道當在齊西界一從一橫為午道蓋[illegible]其處【正義】劉伯莊云齊西界在博州之西境也則長城之東收而太山之北舉矣【正義】言從齊州長城東至海太山之北黃河之南盡舉收於楚西結境於趙【正義】言得齊地

楚世家

髹桼

孝成趙室名

陵功封為定陵侯皇后既立後寵少衰而弟絕幸為昭儀居昭陽舍其中庭彤朱而殿上髹漆師古曰以漆漆物謂之髹音許求反又音許昭反今關東俗器物一再著漆者謂之捎漆捎即髹聲之轉重耳髹字或作䰍音義亦與髹同今關西俗云黑髹盤朱髹盤其音如此兩義並通切皆銅沓冒黃金塗師古曰切門限也音千結反沓冒其頭也塗以金塗銅上也沓音它合反白玉階師古曰階所由升殿堂也壁帶往往為黃金釭函藍田璧明珠翠羽飾之服虔曰釭壁中之橫帶也晉灼曰以金環飾之也師古曰壁帶壁之橫木露出如帶者也於壁帶之中往往以金為釭若車釭之形也其釭中著玉璧明珠翠羽耳藍田山名出美玉釭音工流俗讀之音江非也自後宮未嘗有焉姊弟顓寵十餘年卒皆無子師古曰顓與專同卒終也末年定陶王來朝王祖

宮室

讀古宮室之說據古書者乃任於畢塋

高摯文字宮室之條中皆叢

也言此牛腹中有奇殺而視之得書書言甚怪天子疑之有識其手書問之人果僞書於是誅文成將軍[正義]漢武故事云文成誅月餘日使者藉貨關東還逢之於漕亭還見言之上乃疑發其棺無所見唯有竹筒一枚捕驗間無蹤跡也 而隱之其後則又作柏梁銅柱承露僊人掌之屬矣[集解][illegible]日僊人以[illegible]服虔云用梁百頭按今宮皆作柏三輔故事云臺高二十丈用香柏為殿香聞十里中[illegible]建章宮承露盤高二十丈大七圍以銅為之上有僊人掌承露和玉屑飲之故張衡賦曰立脩莖之僊掌承雲表之清露是也

乾隆四年校刊

史記卷十二 孝武本紀 六十五

公孫卿曰僊人可見而上往常遽以故不見今陛下可爲觀如緱氏城[集解]韋昭曰如猶比也 置脯棗神人宜可致且僊人好樓居於是上令長安則作蜚廉桂觀[集解]應劭曰飛廉神禽能致風氣晉灼曰身似鹿頭如雀有角而蛇尾文如豹文也 甘泉則作益延壽觀使卿持節設具而候神人乃作通天臺[集解]徐廣曰在甘泉[索隱]漢書作通天臺於甘泉宮 按漢書舊儀臺高五十丈去長安二百里望見長安城 置祠具其下將招來神僊之屬於是甘泉更置前殿始廣諸宮室[索隱]姚氏案揚雄云甘泉本因秦離宮既奢泰武帝復增通天高光迎風宮外近則有洪厓旁皇儲胥弩阹遠則有石關封巒枝鵲露寒棠梨師得遊觀屈奇瑰偉又有高華溫德洪相甘泉宮白虎走狗天梯[illegible]山人咨思觀皆壯麗也 上還以柏梁烖故朝受計甘泉[正義]顏師古云前梁被燒故受計獻之物於甘泉也顏師古曰受郡國計簿也 公孫卿曰黃帝就青靈臺十二日燒[集解]徐廣曰一作月 黃帝乃治明庭明庭甘泉也方士多言古帝王有都甘泉者其後天子又朝諸侯甘泉甘泉作諸侯邸勇之乃曰越俗有火烖復起屋必以大用勝服之於是作建章宮[正義]括地志云建章宮在雍州長安縣西二十里長安故城西 度爲千門萬戶前殿度高未央其東則鳳闕高二十餘丈[索隱]三輔黃圖曰武帝營建章起鳳闕高二十五丈關中記一名別風闕以言別四方之風西京賦曰閶闔之內別風嶕嶢是也三輔故事云北有圜闕高二十丈上有銅鳳皇故曰鳳闕也 其西則唐中數十里虎圈[索隱]如淳曰詩云中唐有甓鄭玄云唐堂庭也爾雅以廟中路謂之唐西京賦曰前開唐中彌望廣潒也[正義]圈其遠反括地志云虎圈今在長安城中西偏也 其北治大池漸臺[正義]顏師古云漸浸也臺在池中爲水所浸故曰漸[illegible]莽死此臺也 高二十餘丈名曰泰液[正義]臣瓚云泰液言象陰陽津液以作池也 池中有蓬萊方丈瀛洲壺梁象海中神山龜魚[illegible]三輔故事云殿北海池北岸有石魚長二丈廣五尺西岸有石龜二枚各長六尺 其南有玉堂璧門大鳥之屬[索隱]漢武故事玉堂基與未央前殿等去地十二丈 乃立神明臺[索隱]漢宮闕疏云臺高五十丈上有九室常置九天道士百人 井幹樓度五十餘丈輦道相屬焉[索隱]關中記宮北有井幹臺高五十丈積木爲樓言築累萬木轉相交架如井幹司馬彪注莊子云井幹井欄也又崔譔云井以四邊爲幹猶築牆之有幹諸本多作幹一本作韓音說文云韓井橋[illegible]

臺 子 有

帝系日多

其明年東巡海上考神仙之屬未有驗者方士有言黃帝時爲五城十二樓【集解】應劭曰崑崙縣圃五城十二樓仙人之所常居也以候神人於執期【集解】駰案漢書音義曰執期地名也命曰迎年【正義】顔師古云迎年若言祈年上許作之如方明年上親禮祠上帝衣上黃焉

后土臨勃海將以望祀蓬萊之屬幾至殊庭焉師古曰殊庭蓬萊中仙人庭也幾讀曰冀上還以柏梁災故受計甘泉公孫卿曰黃帝就青靈臺十二日燒師古曰就成也造臺適成經十二日即遇火燒黃帝乃治明庭明庭甘泉也方士多言古帝王有都甘泉者其後天子又朝諸侯甘泉甘泉作諸侯邸勇之迺曰粵俗有火災復起屋必以大用勝服之於是作建章宮度爲千門萬戶前殿度高未央師古曰度音大各反其東則鳳闕高二十餘丈師古曰三輔故事云其闕圜上有銅鳳凰其西則商中數十里虎圈如淳曰商中商庭也師古曰商金也於序在秋故謂西方之庭爲商庭言廣數十里於菟亦西方之獸故於此置其圈也其北治大池漸臺高二十餘丈名曰泰液師古曰漸浸也臺在池中爲水所浸故曰漸臺一音子廉反三輔黃圖或爲藏字藏亦浸耳○宋祁曰泰液淳化本作泰浸予據昭紀黃鵠下建章宮太液池無泰浸也池中有蓬萊方丈瀛洲壺梁象海中神山龜魚之屬師古曰三輔故事云池北岸有石魚長二丈高五尺西岸有石龜三枚長六尺其南有玉堂璧門大鳥之屬師古曰立大鳥象也立神明臺井幹樓高五十丈輦道相屬焉師古曰漢宮閣疏云神明臺高五十丈上有九室恒置九天道士百人然則神明井幹俱高五十丈也井幹樓積木而高爲樓若井幹之形也井幹者井上木欄也其形或四角或八角張衡西京賦云井幹疊而百層即謂此樓也幹或作翰其義並同○宋祁曰邵本翰作韓

宫室

漢書郊祀志：莽篡位二年，興神仙事，以方士蘇樂言，起八風臺於宮中，臺成萬金。師古曰：費直萬金也。當此中人千家之產矣。

讀史

右記為國專諸生言二十八年「弔阿房宮」「弔右極廟」二題。今年十月錄「阿房宮」

左人石五巡鑒

宮室

三十五年，除道，道九原〔集解〕駰案地理志五原郡有九原縣抵雲陽〔集解〕徐廣曰表云道九原通甘泉塹山堙谷，直通之。於是始皇以爲咸陽人多，先王之宮廷小，吾聞周文王都豐，武王都鎬，豐鎬之閒，帝王之都也。乃營作朝宮渭南上林苑中。先作前殿阿房〔正義〕房白郎反括地志云秦阿房宮亦曰阿城在雍州長安縣西北一十四里按宮在上林苑中雍州郭城西南面即阿房宮城東面也顏師古云阿近也以其去咸陽近且號阿房東西五百步，南北五十丈，上可以坐萬人，下可以建五丈旗。〔索隱〕此以其形名宮也言其宮四阿旁廣也故云下可建五丈之旗也阿房後爲宮名〔正義〕三輔舊事云阿房宮東西三里南北五百步庭中可受萬人又鑄銅人十二於宮前阿房宮以慈石爲門阿房宮之北闕門也周馳爲閣道，自殿下直抵南山。表南山之顛以爲闕。爲復道，自阿房渡渭，屬之咸陽，以象天極閣道絕漢抵營室也。〔索隱〕謂爲複道渡渭屬咸陽象天文閣道絕漢抵營室也天官書曰天極紫宮後十七星絕漢抵營室曰閣道阿房宮未成；成，欲更擇令名名之。作宮阿房，故天下謂之阿房宮。隱宮徒刑者七十餘萬人，〔正義〕餘刑見於市朝宮刑一百日隱於蔭室養之乃可故曰隱宮下蠶室是乃分作阿房宮，或作麗山。發北山石椁，乃寫蜀、荊地材皆至。關中計宮三百，關外四百餘。於是立石東海上朐界中，以爲秦東門。因徙三萬家麗邑，〔正義〕麗音離五萬家雲陽，皆復不事十歲。

始皇紀

諸廟及章臺上林皆在渭南秦每破諸侯寫放其宮室作之咸陽北阪上【集解】徐廣曰在長安西北漢武時別名渭城【正義】今咸陽縣北阪上南臨渭自雍門【集解】徐廣曰在高陵縣【正義】今岐州雍縣東以東至涇渭殿屋複道周閣相屬【正義】複音福屬之欲反廟記云北至九嵕甘泉南至長楊五柞東至河西至汧渭之交東西八百里離宮別館相望屬也木衣綈繡土被朱紫宮人不徙窮年忘歸猶不能遍也所得諸侯美人鐘鼓以充入之【正義】三輔舊事云始皇表河以爲秦東門表汧以爲秦西門表中外殿觀百四十五後宮列女萬餘人氣上衝于天

宮室

八年高祖東擊韓王信餘反寇於東垣【集解】駰案地理志曰東垣高帝更名曰真定蕭丞相營作未央宮【正義】括地志云未央宮在雍州長安縣西北十里長安故城中顏師古云未央殿雖南嚮而當上書奏事謁見之徒皆詣北闕公車司亦在北焉是則以北闕為正門而又有東門東闕至於西南兩面無門闕也蕭何初立未央宮以厭勝之術理宜然乎按北闕為正者蓋象秦作前殿渡渭水屬之咸陽以象天極閣道絕漢抵營室立東闕北闕【集解】駰案關中記曰東有蒼龍闕北有玄武闕玄武所謂北闕【索隱】東闕名蒼龍北闕名玄武無西南二闕者蓋蕭何以厭勝之法故不立說文云闕門觀也秦家舊宮皆在渭北而立東闕北闕蓋取其便前殿武庫太倉高祖還見宮闕壯甚怒謂蕭何曰天下匈匈苦戰數歲成敗未可知是何治宮室過度也蕭何曰天下方未定故可因遂就宮室且夫天子以四海為家非壯麗無以重威且無令後世有以加也高祖乃說高祖之東垣過柏人【正義】括地志云柏人故城在邢州柏人縣西北十二里漢柏人屬趙國趙相貫高等謀弒高祖高祖心動因不留代王劉仲棄國亡自歸雒陽廢以為合陽侯【正義】括地志云郃陽故城在同州河西縣二里魏文侯十七年攻秦至鄭而還築在郃水之陽也

史記高紀

異姓諸侯王表第一

昔詩書述虞夏之際舜禹受禪師古曰古禪字音上扇反積德累功洽于百姓攝位行政考之于天師古曰謂在璿璣玉衡以齊七政考之於天知已合天心不經數十年然後在位殷周之王乃繇卨稷師古曰繇讀與由同也脩仁行義歷十餘世至于湯武然後放殺師古曰殺讀曰弒它皆類此也秦起襄公章文繆獻師古曰言秦之初大起於襄公始為諸侯至文公繆公獻公更為章著也襄公莊公之子文公襄公之子也繆公德公之少子獻公靈公之子也孝昭嚴稍蠶食六國師古曰孝謂孝公也卽獻公之子昭謂昭襄王卽惠王之子武王之弟也嚴謂莊襄王卽昭襄王之孫孝文王之子也後漢時避明帝諱以莊為嚴故漢書姓及謚本作莊者皆易為嚴也它皆類此蠶食謂漸吞滅之如蠶食葉也百有餘載至始皇迺并天下以德若彼用力如此其艱難也師古曰艱古艱字也秦既稱帝患周之敗以為起於處士橫議諸侯力爭四夷交侵以弱見奪服虔曰言周微弱而敗也應劭曰孟軻云聖王不作諸侯恣行處士橫議師古曰處士謂不官於朝而居家者也橫音胡孟反次下橫發其音亦同也於是削去五等應劭曰周爵公侯伯子男五等爵墮城銷刃應劭曰墮壞其堅城恐復阻以害己也聚天下之兵鑄以為銅人十二不欲令民復逆命也古者以銅為兵師古曰墮音火規反箝語燒書應劭曰禁民聚語畏

長城

史記六國表秦孝公十二年初聚小邑為三十一
縣[illegible]一云四十一縣是也又云三十一
[illegible]築長城[illegible]三十乃止
三年[illegible]築長城[illegible]
三年[illegible]於[illegible]中尉徙三歲

長城

史記六國表趙成侯七年「侵齊至長城」

齊威王十八年（即趙成侯七年）「趙歸我長城」

[illegible]

魏惠王十九年[illegible]「築長城塞固陽」

建築

補城

史記六國表秦厲共公十六年「補龐戲城」，靈公十年「補龐城，城籍姑」。索隱云「戲及籍姑皆城名，補謂修也」，謂修龐與城籍姑也。

（宮記卷）

營造

學齋佔畢 長安城方六十三里經緯各十二里

史記高紀 索隱引三輔舊事云城形似北斗也

城郭

漢書高惠高后文功臣表　東武貞侯郭蒙

入漢為城將　師古曰城將，築城之將也

鈞案史記作越將

史記惠景間侯者年表　梧　齊侯陽城延　以軍匠從起郟入漢後為少府作長樂未央宮築長安城先就功侯　漢書

域

叢殘、、隋書「春、、、隋唐名域」勉東右

左

樂平簡侯衛毋擇	以隊卒從起沛屬皇訢以郎擊陳餘用衛尉侯六百戶	四月丙申封三年薨		六年共侯勝嗣四十一年薨	孝景後三年侯侈嗣六年建元六年坐買田宅不法有請賕吏死		
山都貞侯王恬啓	漢五年爲郎中柱下令以衛將軍擊陳豨用梁相侯　師古曰柱下令今主柱下書史也	四月丙申封八年薨		孝文四年惠侯中黃嗣二十三年薨	孝景四年敬侯觸龍嗣二十三年薨	元狩五年侯當嗣八年元封元年坐闌入甘泉上林免	
俞侯呂它　如淳曰俞音輸	父嬰以連敖從高祖破秦入漢以都尉定諸侯功比朝陽侯死事子侯	四月丙申封四[illegible]					
醴陵侯越	以卒從漢二年起櫟陽以卒吏擊項羽爲河內都尉用長沙相侯六百戶	四月丙申封八年孝文四年有罪免					

苑囿

另詳秦文紀古今書條代書所注二十三年官室苑

囿牧馬處鄉年歲操營台所像轉驛地租民

苑囿　苑

山都

高祖五年爲郎中柱下令以衛將軍擊陳豨用梁相侯

四年四月丙申貞侯王恬開元年

五

四年惠侯中黄元年

二十三

四年敬侯觸龍元年

十三

元狩元年侯當元年　五年侯當坐〔闕〕入上林〔闕〕

三十八

滕

〔宋隱〕劉氏以舍人從起沛屬劉賈以郡尉擊項羽以都尉定諸侯功比二千戶封　【以上小字漫漶，據可辨讀】

四年四月丙申侯呂更始元年

四

八年侯更始坐呂氏事誅國除

共

〔索隱〕以齊將漢王四年從淮陰侯起臨淄擊籍及韓王信於平城有功侯千二百戶

八年六月壬子莊侯盧罷師元年

五

七

八

七十年惠侯盧商元年

六

八

後四年侯商薨無後國除

五

百十四

安丘

〔索隱〕以卒從起方與屬魏豹二歲五月以執盾入漢以司馬擊籍以將軍定代功侯三千戶

八年七月癸酉懿侯張說元年

五

七

八

十三年恭侯奴元年

十二

三年敬侯執元年

二十三

四年康侯訢元年

十三

元狩元年侯指元年

十八

元鼎四年侯指坐入上林謀盜鹿國除

九

六十七

乾隆四年校刊

史記卷十八

年表

六十二

秦孝公

長城

余養曰表云二十三年子孝公立〔索隱〕名渠梁年已二十一歲矣孝公元年〔集解〕徐廣曰庚申也河山以東彊國六與齊威楚宣魏惠燕悼韓哀趙成侯並淮泗之間〔正義〕並白浪反謂淮泗二水小國十餘楚魏與秦接界〔正義〕楚北及魏西與秦相接北自梁州漢中郡南有巴渝過江南有黔中巫郡也魏西界與秦相接南自華州鄭縣西北過渭水濱洛水東岸向北有上郡鄜州之地皆築長城以界秦境洛即漆沮水也魏築長城自鄭濱洛以北有上郡楚自漢中南有巴黔中周室微諸侯力政爭

匈奴　長城

莫不安所。羣臣誦烈，請刻此石，垂著儀矩。因使韓終、侯公、石生求僊人不死之藥。始皇巡北邊，從上郡入。燕人盧生使

【正義】音所吏反入海還，以鬼神事，因奏錄圖書，曰「亡秦者胡也」。【集解】鄭玄曰：胡，胡亥，秦二世名也。秦見圖書，不知此爲人名，反備北胡。始皇乃使將軍蒙恬發兵三

十萬人北擊胡，略取河南地。【正義】今靈夏勝等州，秦略取之。

三十三年，發諸嘗逋亡人、贅壻、賈人略取陸梁地，【集解】瓚曰：贅謂居窮有子，使就其婦家爲贅壻。【索隱】南方之人，其性陸梁，故曰陸梁。【正義】嶺南之人多處山陸，其性强梁，故曰陸梁。爲桂

林、【集解】韋昭曰：今鬱林是也。象郡、【集解】韋昭曰：今日南。南海，【正義】即廣州南海縣。以適遣戍。【集解】徐廣曰：五十萬人守五嶺。【正義】適音直革反。戍，守也。廣州記云：五嶺者，大庾、始安、臨賀、揭陽、桂陽。輿地志云：一曰臺嶺，亦

名塞上，今名大庾；二曰騎田；三曰都龐；四曰萌諸；五曰越嶺。西北斥逐匈奴。自榆中【集解】徐廣曰：在金城。並河以東，【集解】服虔曰：並音傍。傍，依也。屬之陰山，【集解】徐廣曰：在五原北。【正義】五原今

勝州也。以爲三十四縣，城河上爲塞。又使蒙恬渡河取高闕、【正義】山名，在五原北。兩山相對若闕，故言高闕。陶山、北假中，【集解】[illegible]

假地名也。【索隱】高闕，山名。北假，地名，近五原。【正義】鄭元注水經云：黃河逕河目縣故城西，縣在北假中。北假，地名。按河目縣屬勝州，今名河北。漢書地理志云屬五原郡。築亭障以逐戎人。徙謫，實之初縣。【索隱】[illegible]

徙有罪而謫之，以實初縣，即上自榆中屬陰山，以爲三十四縣是也。按漢七科謫亦因於秦。禁不得祠。明星出西方。【集解】徐廣曰：皇甫謐云彗星見。

三十四年，適治獄吏不直者，築長城及南越地。【正義】謂戍五嶺，是南方越地。

封建 長城

表記胡市代年郡全部周所屋郡里萬築

固足為稱之築 無敵者勿以與敵相標十城築

情壞於衛卷也

勉案世以為人長城以防寇鈔也

又

清軍萬固萬固至之屬之所以故毅危無寇之三年

隋之數保李隨固足遂軍良之與諸和劉萬以為

可深

甚出

奉正藏

此訂本第四冊中之紀二十六第一葉至第廿二葉止

三十二年一葉又卷全亡[redacted]初明止

全話一函二十七葉凡計六冊卷一函全

不能不用人之助不能免...所能只止

宮

便殿

漢書武紀建元六年

宫室

秦始天下城
漢高帝六年冬十月令天下縣邑城
王敞曰秦始皇二十六年隳城郭壞郡邑皆無
城至是復令之城之也

官塞

漢紀上「二年……十月……繕治河上塞」「晉灼曰：蒙恬為秦北逐胡築河上塞」

謂河上塞即河南郡北境，與匈奴界處也。又謂秦時蒙恬所取河南地，因河以為塞，諸舊有謫戍救秦自始復稍度河南與中國界於故塞與匈奴傳可證此河上郡以西為渭朝那之塞，至周苛初為蒙即降以障塞」，當依注，已至朝那、蕭關，此所謂之地

六月……興關中卒乘邊塞」

宫室

司馬門

漢書路舒傳 聖司馬門者

器用

八仙桌 東坡后全二八一

椅 椅子之

又

宫室

[illegible]

余親考今制衙門及營以衡木為斜格別以木交錯穿之樹于門外似所[illegible]即古之行馬也

宮室

蕭齋

[illegible]梁武帝造寺蕭子雲飛白大書一
蕭字歷年圮蕭字尚存李得之買
東洛建一小室以玩之號曰蕭齋

宮室

[illegible]

宫室

穿井若干于地下相通行水——乃[illegible][illegible]傳

至上

觀堂集林卷十三 西域井渠考

中国美术建筑

东方美·二

中國人發明拱門弔橋

民族主義第六講一六九頁

宫室

宫室

禮力至論宅之萃之方宮室之以爲南向北

尸南首　葬乃北首

重學録一六二一三

然者引宋王之尚卿死北首　士喪禮飯含當陸

尸南首　檀弓殷人之達禮也　北則占生時諸陽

此其所以爲南向邪——待考　再剩年陸邪

陸

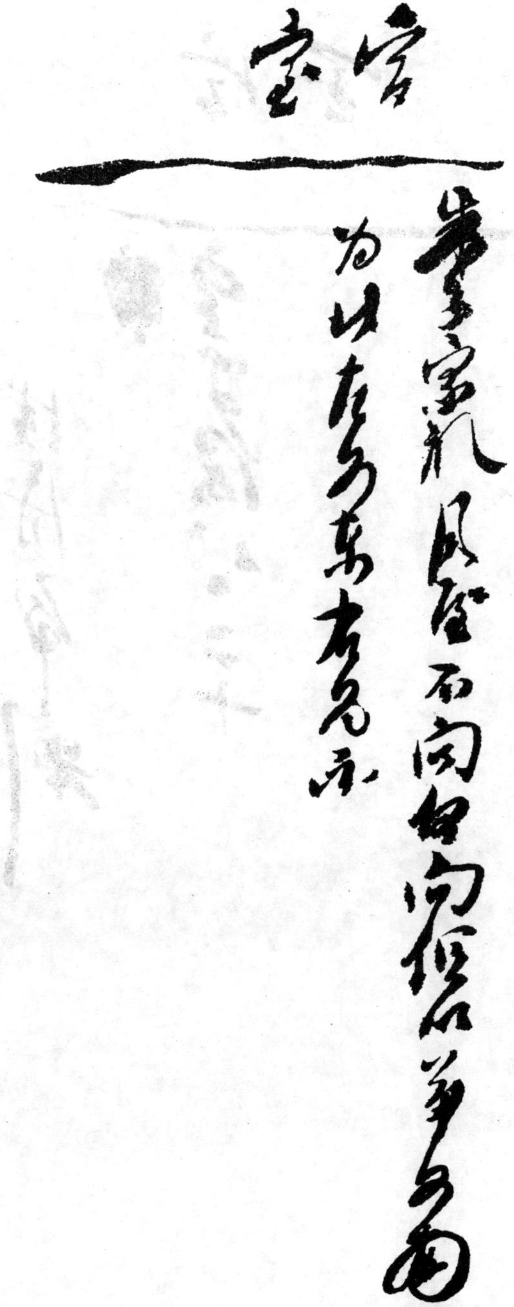

請自節制

[illegible]二十

宦官

宫室

長城

秦之長城 ■

自今沙陀府北郡　西過臨洮向　東循河之北

自鹽澤黑岡山之東迤出居庸　東北綦迤極朔邊

杉井氏云

起於平郡　今大青山上　自平關以　青陰廣沈首迤東錦以

東至西北青山口迤經綏東北三八◎　青塔自青陲以平關迤至興安嶺內

青西郡　沿柳城以藩安　經沈城在柳城　北沈城今柳河中　今朝陽一帶

大清河上游

青東郡　遼東　吉林鐵嶺開原

又

日本史學雜志二十二卷有秦長城東端考

松井等氏云：二三世紀長城，隋唐長城改於北魏時，與其北塞相接之日迭了長城下。其長城在和林北，北魏秦造。

又云：通典一七八，花汾郡北二百五十里有長城，其東乃至[illegible]。

以綫珠六秦城當之。

長地誌城

而地亡削矣臣聞鄙諺曰寧爲雞口無爲牛後〔索隱〕戰國策云寧爲雞尸不爲牛從延篤注云尸雞中主也從謂牛子也言寧爲雞中之主不爲牛子之從後也〔正義〕雞口雖小猶進食牛後雖大乃出糞也今西面交臂而臣事秦何異於牛後乎夫以大王之賢挾彊韓之兵而有牛後之名臣竊爲大王羞之於是韓王勃然作色攘臂瞋目按劍仰天太息曰〔索隱〕太息謂久蓄氣而大呼也寡人雖不肖必不能事秦今主君詔以趙王之教敬奉社稷以從〔索隱〕主君指蘇秦也禮卿大夫稱主今嘉蘇子合從諸侯褒而美之故稱曰主君

又說魏襄王〔索隱〕世本惠王子名嗣曰大王之地南有鴻溝〔集解〕徐廣曰在滎陽陳汝南許郾〔集解〕徐廣曰在潁川於憶切〔索隱〕音偃又於建反戰國策作鄢地理志潁川有許鄢二縣又有鄢陵縣鄢郾不同必有一誤鄢音焉〔正義〕陳汝南今汝州豫州縣也昆陽召陵舞陽新都新郪〔集解〕駰案地理志云潁川有昆陽舞陽縣汝南有新郪縣南陽有新都縣〔索隱〕地理志昆陽舞陽屬潁川召陵新郪屬汝南按新郪即郪邱章帝建初四年徙封殷後宋公於此更名宋新都屬南陽戰國策直云新郪無新都二字〔正義〕召陵在豫州舞陽在許州東有淮潁〔正義〕淮陽潁川二郡煑棗〔集解〕徐廣曰在宛句〔正義〕在宛朐按宛朐曹州縣也無胥〔索隱〕按其地闕西有長城之界北有河外〔正義〕謂河南地卷衍酸棗〔集解〕徐廣曰滎陽卷縣有長城經陽武到密衍地名〔索隱〕徐廣曰滎陽卷縣有長城蓋據地險爲說〔正義〕卷在鄭州原武縣北七里酸棗在滑州衍徐云地名

蘇秦列傳

包十二諸侯此其君欲得其民力竭惡足取乎且臣聞之數戰則民勞久師則兵敝矣燕王曰吾聞齊有清濟濁河〔正義〕濟漯二水上承黃河並淄青之北流入海黃河又一源從洛魏二州界北流入海亦齊西北界可以爲固長城鉅防〔集解〕徐廣曰濟北盧縣有防門又有長城東至海〔正義〕長城西頭在濟州平陰縣界竹書紀年云梁惠王二十年齊閔王築防以爲長城太山記云太山西北有長城緣河經太山餘一千里至琅邪臺入海足以爲塞誠有之乎對曰天時不與雖有清濟濁河惡足以爲固民力罷敝雖有長城鉅防惡足以爲塞且異日濟西不師〔正義〕濟州以西也所以備趙也河北不師〔正義〕謂滄博等州在漯河之北所以備燕也今濟西河北

同上　蘇代說[illegible]

史記張儀列傳

儀所言之燕，主事在西，

而非一燕，乃秦將所據，築以鄣塞。

勉案：此指之長城。

又說燕昭王

可親乎趙興兵攻燕再圍燕都而劫大王大王割十城以謝今趙王已入朝澠池效河間以事秦今大王不事秦秦下甲雲中九原驅趙而攻燕則易水長城【正義】並在易州界非大王之有也且今時趙之於秦猶郡縣也不敢妄舉師以攻伐今王事

長[illegible][illegible]城

奉上長城

書藏耕出等

此南子人同訊廿一頁

北疆

隋長城

陰山 燕山（居庸東）上有長城，西接代山，東連碣石。

[illegible]海三有[illegible]至[illegible]氏之所造也。（岸）

[illegible]

牧人何以用帷幕○便移徙也 帐用具亦不多 常告人無定村
磚瓦等不能移徙不移就也
(圖)民集居○參和信中國農村經濟資料叢之解放中國農村問（據宋丁山三卷一號鄉）
題的記載 陸續 在隴海路西段一帶有十五的小村落房子都燒了
此後從牆小部分是土匪燒的大部分是農民自己燒的大家
都聚集到大圍子寨邊住宿以集中抵抗土匪的力量……無
天趕著牲口攜著了鍋鍋跑出四五里或七八里地去耕作晚
上再跑回去求保障

圓明園建築年代

雍正 康熙四十八 其毀爲千八百六十年

十月十八日 至是 全園皆毀

又園中文源閣爲乾隆時所建

建築

宮室

龍尾登陴所由之路 鑑八八壯

營造

古城大小

都城過百雉國之害也先王之制

大都不過參國之一

中五之一

小九之一

則國城之大不過三百雉　方丈曰堵三堵曰雉

一雉之牆長三丈高一丈　百雉積三百丈

三百雉九百丈耳

趙奢曰　古者四海之內分為萬國　城雖大

無過三百丈者人雖眾無過三千家者今

千丈之城萬家之邑相望也

宫室

宁考 求古録禮說十

東西鄉陽故首於西面 同上五朝位考

頤霤 同上五鞠躬解

閨門閭門左扉立於其中 癸巳類稿三

羣臣之進明堂 十三經詁答問五間明堂條

明堂無西室說 實事求是齋經義二

魯之明堂 經訓書院自課文天子七廟二祧考六

寢廟乃廟後之有寢 求古録禮說十一薦考

明堂乃茅屋 同上七禘嘗辨

宫室

自天子至士皆有依天子唯畫斧文為異 求古錄禮說卷十屏考

天子諸侯庭有四注辨卷十 同上 四阿非四注又

樹塞門內 求古錄禮說天子堂 車於大寢階前辨

屏考卷十 同上

序考卷九 同上 序有木與非木兩種 同上

諸侯外朝在庫門外辨五 同上

閣考十一 同上

夾室考六 同上

棟梁解六 同上

坫考九 同上

官學

日本東京撤疏散人口。三十年二月十一日長言報。蘇聯籍格洛少夫。旅居日本多年。日昨來渝。詳述日本近況。云東京人口。戰爭約六百萬。現已逾七百二十萬。為避空襲起見。學校[redacted]有陸續遷往郊外或小村鎮之計。如果然。可減少居民百萬。官吏與資本家。將往鄉僻。出高價買屋。山種其貴。大多在兵營學急時移就。否則農民仍可居住。如昔。農民將往何處。

掌次掌王次之灋以待張事法大小丈尺○張事劉音帳咸如字下邦之張事同 疏 掌次至張事○釋曰言掌王次之法者次者次則舍也言次謂次止言舍謂舍息言以待張事者王出宮則幕人以帷與幕等送至停所掌次則張之故云以待張事○注法大小丈尺○釋曰言法大小者下文有大次小次是也云丈尺者旣言大小當時應有丈尺之數但其未聞

王大旅上帝則張氈案設皇邸大旅上帝祭天於圜丘國有故而祭亦曰旅此以旅見祀也張氈案以氈爲牀於幄中鄭司農云皇羽覆上邸後版也玄謂後版屏風與染羽象鳳皇羽色以爲之○邸徐當禮反一本作皇羽邸版徐音板屏薄刑反 疏 王大至皇邸○釋曰云王大旅上帝者謂冬至祭天於圜丘則張氈案者案謂牀也牀上著氈即謂之氈案設皇邸者邸謂以版爲屏風又以鳳皇羽飾之此謂王坐所置也○注大旅至爲之○釋曰大旅上帝祭天於圜丘知者見下經別云祀五帝則知此是昊天上帝即與司服及宗伯昊天上帝一也即是大司樂冬至祭天於圜丘之事也云國有故而祭亦曰旅者案大宗伯國有大故則旅上帝及四望是國有故而祭謂之旅云此以旅見祀者但此下文五帝見正祀其旅見於大宗伯大宗伯昊天不云旅故此見此文不言正祀故鄭以因旅見之欲見有故昊天亦旅之故云以旅見祀云張氈案以氈爲牀於幄中者據鄭云於幄中則知不徒設氈案皇邸而已明知并有大次小次之幄與下祀五帝互見之也司農云皇羽覆上者見經皇是鳳皇之字故知以皇羽覆邸上玄謂後版屏風與者此增成司農義言後版者謂爲大方版於坐後畫爲斧文言屏風者據漢法況之無正文故言與以疑之云染羽象鳳皇羽色以爲之者案尚書禹貢羽畎夏翟謂羽山之谷貢夏翟之羽後世無夏翟故周禮鍾氏染鳥羽象鳳皇色以爲之覆於版上明堂位及司几筵皆云黼扆此不在寢廟無扆故不得云黼扆故別名皇邸

朝日祀五帝則張大次小次設重帟重案合諸侯亦如之朝日春分拜日於東門之外祀五帝於四郊次謂幄也大幄初往所止居也小幄旣接祭退俟之處祭義曰周人祭日以朝及闇雖有強力孰能支之是以退俟與諸臣代有事焉○合諸侯於壇王亦以時休息重帟複帟重案牀重席也鄭司農云五帝五色之帝○朝直遙反注朝日同重直龍反注下同 疏 朝日至如之○釋曰言朝日者謂春分朝日祀五帝者謂四時迎氣則張大次小次者次謂幄帳也大幄小幄但幄在幕中旣有幄明有幄幕可知設重帟者謂於幄中設承塵云重案者案則牀也牀言重謂牀上設重席不言氈及皇邸亦有可知上氈案不言重席亦有重席可知互見爲義云合諸侯亦如之者謂諸侯會同亦設重帟重案故云亦如之○注朝日至之帝○釋曰知朝日春分者祭義云祭日於東故鄭約用春分也云拜日於東門之外者謂在東郊覲禮文云祀五帝於四郊者案外宗伯祀五帝於四郊是也此謂四時迎氣案月令立春於東郊立夏於南郊季夏於六月迎土氣亦於南郊立秋於西郊立冬於北郊謂祭靈威仰之屬云次謂幄也大幄初往所止居也小幄旣接祭退俟之處者此兩次設幄者大幄謂王侵晨至祭所祭時未到去壇壝之外遠處設大次王且止居故云大幄初往所止居也接祭者與羣臣交接相代而祭去壇宜近置一小帷退俟之處云祭義曰周人祭日以朝及闇引此已下者欲見王與臣接祭之時須有小幄也言孰能支之者謂一日之閒雖有強力誰能支持乎云合諸侯於壇者案司儀合諸侯爲壇三成是也云重帟複帟者謂兩重爲之云重案牀重席者案司几筵莞筵繅席次席三重此言重席亦當有此三重帟重帟不同鄭司農云五帝五色之帝者謂東方青帝靈威仰南方赤帝赤熛怒中央黃帝含樞紐西方白帝白招拒北方黑帝汁光紀並依文耀鉤所說

師田則張幕設重帟重案不張幄者於是臨誓衆王或迴顧占察 疏 師田至重案○釋曰言師田者謂出師征伐及田獵則幄幕者爲王設坐不言帷者亦有可知重帟重案者如上說

諸侯朝覲會同則張大次小次大次亦初往所止居小次即宮待事之處 疏 諸侯至小次○釋曰此謂與諸侯張之若四時常朝

在國內今言朝覲會同爲會同而來故在國外與大宰大朝覲會同一也言則張大次小次也者亦如上文大小次丈尺則滅耳故鄭云大次亦初往所止居小次即宮待事之處鄭云初往止居者謂宮外也即居者應是宮內言宮即司儀所云宮方三百步壝土爲之是也言待事者欲於帷中待事辦否及府。**師田則張幕設案**鄭司農云師田謂諸侯相與師田玄謂此掌次張之諸侯從王而師田者 疏 師田至設案。釋曰文承上諸侯謂諸侯從王師田即張幕設案者也不言重則無重席亦應有單席於牀也。注鄭司至田者。釋曰後鄭不從先鄭者以其天子掌次不合與諸侯國內張幕故云掌次張之以明非諸侯相與師田也此至下所云次者謂以繢爲帷帳案聘禮記所云次或以帷或及廟皆得與此掌次所云次別也 **孤卿有邦事則張幕設案**有邦事謂以事從王若以王命出也孤王之孤三人副三公論道者不言公公如諸侯禮從王祭祀合諸侯張大次小次師田亦張幕設案 疏 孤卿至設案。釋曰與上諸侯所設同。注有邦至設案。釋曰言有邦事謂以事從王者謂若上王大旅上帝朝日祀五帝合諸侯及師田等數事王親行則從王往也云若以王命出者若祭祀則冢王有故不親羣臣攝之若諸侯使臣時聘殷覜王不親行則於國外使羣臣受之是王命出也云孤王之孤三人副三公論道者案尚。成王周官云立大師大傅大保茲惟三公論道經邦燮理陰陽又云立少師少傅少保曰三孤貳公弘化寅亮天地是副三公論道者也云不言公公如諸侯禮者謂如上諸侯之禮中雖有會同師田無言祭祀鄭云祭祀者王於會同與祭祀同云亦如之則諸侯從王祭祀亦與會同同若然三公從王祭祀亦與從王會同同也 **凡喪王則張帟三重諸侯再重孤卿大夫不重**張帟柩上承塵 疏 凡喪至不重。釋曰喪言凡者以其王以下至孤卿大夫兼有后及三夫人已下故言凡以廣之也后與王同三重世子三夫人與諸侯再重九嬪二十七世婦與孤卿大夫同不重一而已八十一御妻與士同無帟有賜乃得帟也此諸侯謂三公王子母弟若畿外諸侯掌次不張之。注張帟柩上承塵。釋曰鄭知帟柩上承塵見上文帟皆在幄中爲承塵此言喪王則張帟三重明是張於柩上也 **凡祭祀張其旅幕張尸次**旅衆也公卿以下即位所祭祀之門外以待事爲之張大幕尸則有幄鄭司農云尸次祭祀之尸所居更衣帳。爲于僞反 疏 凡祭祀張其旅幕張尸次。釋曰祭祀言凡者天地宗廟外內祭祀皆有羣臣助祭其臣既多不可人人獨設故張旅幕旅衆也謂衆人共幕諸祭皆有尸尸尊故別張尸次。注旅衆也公卿以下即位至衣帳。釋曰鄭云公卿以下即位所祭祀之門外以待事者若宗廟自有廟門之外若外神於郊則亦有遺宮之門外並有立位言爲之張大幕者以其言旅故知大幕也司農云更衣帳者未祭則常服至祭所乃更去常服服祭服也故言更衣 **射則張耦次**耦俱升射者次在洗東大射曰遂命三耦取弓矢于次 疏 射則張耦次。釋曰天子大射六耦在西郊賓射亦六耦在朝燕射三耦在寢此六耦三耦據諸侯射者若衆耦則多但無常數耳。注耦俱至于次。釋曰耦俱升射者案大射鄉射耦皆兩兩揖讓升自西階鄉兩楹之間履射物南面而射訖又兩兩揖讓降自西階云次在洗東者大射文又引大射曰遂命三耦取弓矢于次者證次中有弓矢其耦立位在次北西面至射乃命三耦入次取弓矢引之者以天子之次無文雖六耦不同設次則與諸侯同也儀禮鄉射乃是州長射士禮其中兼有鄉大夫詢衆庶之射並無次故堂西比耦也 **掌凡邦之張事**（天官）

[illegible]

殯主人說髦 既殯置銘于肂復位時也今文說皆作稅○注三日說髦髦若今小兒
大鵝爲飾存之謂之髦所以順父母幼小之心至此尸柩不見喪無飾可

上疏 儀禮四十一 既夕禮 記

儀禮既夕禮記

冠從武

縿武別材也冠則縿武上以一縿前後上以內
縿武訖乃後以冠屬著武故云屬也云厭伏也者以其冠在武

但此
也

衰三升 衣與裳也 疏 衰三升○注衣與裳也○釋曰經直云衰兼著言裳
故經舉衰而通裳但首對身首爲尊故衰六升衰三升衰裳同三升也是

以上五升外至於麻冕鄭
亦爲三十升布與服一倍而解之

屨外納 納收餘也 疏 屨外納○注納收餘也○釋曰案喪服斬衰而言此則菅
屨也云外納者謂收餘末鄉外爲之取醜惡不事飾故也

杖下本竹桐一也 順其性也 疏 杖下至一也○注順其性也○釋曰案喪服爲父斬衰以苴杖竹爲母齊衰以削杖桐竹
皆下本本謂根本鄭云順其性者謂下其根本順木之性但爲父杖竹者義取父者子之天
竹性自然圓象天父子自然至孝爲母杖桐者義取桐者同也
同之於父言至孝同之於父故喪服既夕自然之意也

居倚廬 倚木爲廬在中門外東方北戶 疏 居倚廬○注倚木至北戶○釋曰知在中門外東方
北戶者一釋案喪服傳云居倚廬既虞翦屏柱楣既練舍外寢鄭彼注云舍外寢於中門之外屋下壘墼爲之不塗墼所謂堊
室鄭以子夏傳以既練居堊屋而言外外爲中門外則初死居倚廬倚廬亦中門外可知也東方者以中門內殯宮之哭

居處

整潔要整潔

時時衛力落實 樹生

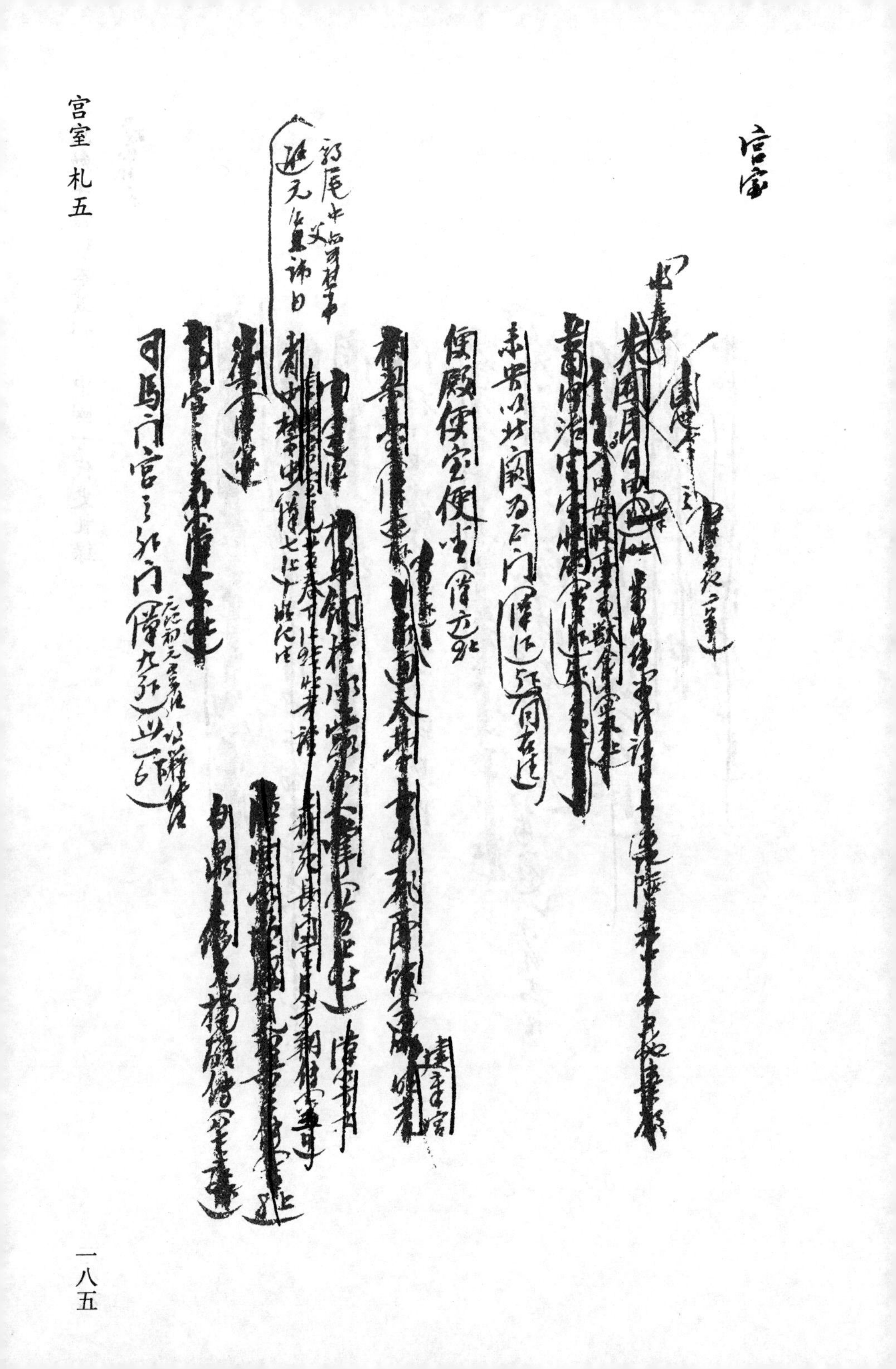

宫室

[illegible]

未央以北闕為正門（[illegible]）[illegible]（同左）

便殿便室便坐（[illegible]）

[illegible]

司馬門 宮之外門（[illegible]）[illegible]

宣室之

書[illegible]之中[illegible]

中國以句芽爲定也　隋書二十三五行志下

[illegible]巴蜀[illegible]

河壯、吉爲叶音　河叶開壯　隋書志中之上14下

[illegible]

蜀牆注大門房　隋書志下之下下　又蜀蜀之人稱[illegible]加蜀題也[illegible]吉注

樹[illegible]隋史志[illegible]西[illegible]

諸巾　隋書[illegible]

陳[illegible]隋書[illegible]

宫室の

書廂[illegible] 州真傳

西州室の名（諸正下）梁西昭一二〇 李公山

鬱蒼作掛[illegible]（書 廿三北）

太[illegible]廿五

揚雄傳の余乃虎路三嵕以為司馬〔羽獵〕晉灼曰路者[illegible] 娃

虎田の術虎落也 山（漢[illegible]）

樹表の華表 漢酷吏傳注（五十九北）

傅華傳の[illegible]

木末の[illegible]極欂[illegible]紛錯（九三北）

民接多級（背西域傳 烏托 九六上北）

宮室

後漢靈帝光和五年「起四百尺觀於阿亭道」(八下)本紀

客堂　內階。後漢書延篤傳篤「與李文德書」「吾嘗昧爽櫛梳坐於客堂，朝則誦羲文之易，虞夏之書，歷公旦之典禮，覽仲尼之春秋，夕則消搖內階，詠詩南軒，百家衆氏投閒而作」(六四下)

複壁。後漢書趙岐傳「孫嵩藏岐複壁中數年」(六四下)

闌軒。後漢書黨錮傳李膺「宛陵大姓羊元羣罷北海郡，臧罪狼籍，郡舍闌軒有奇巧，乃載之以歸」(六七下)

廡下。後漢書逸民傳「梁鴻至吳，依大家皋伯通，居廡下」往從」每曰

「廡，堂下周廊也」(注)

宫室

後漢書韓傳馬韓「邑落雜居，亦無城郭，作土室，形如冢，開戶在上」（韓傳上）

三國志知作草屋土室，形如冢，其戶在上，舉家共在中，無長幼男女之別（韓傳）

又冉駹夷，衆皆依山居止，累石為室，高者至十餘丈，為邛籠」

佳按今給土木人率為雕也」（十六正）

三國魏志齊王紀正始六年散騎常侍諫議大夫孔乂奏曰「禮天子之宮有斲礱之制，無朱丹之飾，宜循禮復古」（四葉）

以氈為殿。三國魏志鍾繇傳「車駕便幸許昌，天下當朝正許昌，許昌偪狹，於城南以氈為殿，備設魚龍曼延」時事（明帝）（十二葉）

三國魏志挹婁傳「常穴居，大家深九梯，以多為好」（卅一葉）

（宫室）

金玉 又章有出 證

明堂 大廷 附 屋自臣石 庫 來國之事 如說四章 韓大材

山 了以臺 當大材以供來國大臣之也 常凡大大

建市 大都之宅及在來國之章 發市工

宮室（長城）

（楚長城）漢書地理志南陽郡葉縣下「楚葉公邑。

有長城號曰方城」。

續漢書郡國志卷縣有長城經陽東到密（史記

蘇秦說魏襄王曰大王之地南有長城之界」（卅九下）

又（燕薊廣孫「有長城至東海」「有防門……」 注史記蘇代說燕王曰

索隱曰長城巨防，即防門（四一下）

營造

樹居 文化人類學一〇五

造於樹上 僅見於菲律賓散部落

新幾尼亞島人樹居之國 見文化人類學

一〇二葉

樹居去地在三五十英呎之間 在大樹幹枝上 樹

幹斫成許多缺由之攀登然亦有用梯者人不

在則藏之 其居此之遠離高乃將樹之小枝縛

逮其末然後枸曲之中庭材容人 庭之高低の
至于莫尺之間 合而一之乃出入閉起
民居樹屋之屬方技營猶戲人避之也

人居室中者曰宦處

即第有人則然 行走坐卧皆曰宦地 宦室亦

然 蓋由居中故

勉案或亦由室中不甚光明也 如為廿

世處奥等或亦由是

奉复異之

堪察加半島即苦夷人冬乃半居半在天上剥東

地下夏則穴居

冬作人類學一〇六

夏屋下有版距地斷遠稱夏別人本

臺只一切意

宮室

次若更衣處帳帷席爲之

大射 鄉射 司射適次 次若今時更衣處帳帷席爲之

宮室

「凡禮堂上有席者坐堂下無席者立」

燕禮 大夫卒受者以爵興 疏 又云「是以禮記檀弓工尹商陽是士而云朝不坐」

宦室

湖石

吴蓉瑞士人則世今來兩瑞桂射箕兩亞皆

吕

啓上

禮注曰帷幕皆以布為之以代宮室其宮
内不張幕也 帷則室内亦張之
詩曰不愧於屋漏疏

若達

長城

海內東經：涇水出長城北山，山在郁郅長垣北，北入渭。

案郁郅，地理志屬北地郡，今慶陽。

郝云：「長城即秦所築長城也」，「長垣即長城也」。

勉案：西山經涇水出高山。

宮室

里巷門名閎閈

左昭十三乃求王遇諸棘閎以歸 注棘

里名 閎門也 釋文引賈云棘楚邑

閎巷門 校勘記石經宋殘本宋本

岳本閎作閈是也 釋文同

明堂之制

見玉藻玄端而朝日疏　勉案今禮戴

說依盛德記以草蓋屋明堂非雜

是一書也　古周禮孝經說以明堂為文

王廟　戴說所以朝諸侯

繫於大戴盛德皆言明堂之事

宫室

天子外屏，諸侯内屏，卿大夫以簾，士以帷。外屏門外為之，内屏門内為之。臣來朝至屏而加肅敬，見於禮，雖蕭之外而趨蹌。

葉[redacted]廷

之大如斗在左騑馬頭上所謂黄屋左纛又謂之翳郭云舞者所以自蔽翳然則翿一名纛纛所以爲翳故王風云左執翿毛傳云翿纛也翳也 **隍壑也** 城池空者爲壑 **疏** 隍壑也○釋曰隍城池無水者郭云城池空者爲壑易泰卦上六城復於隍 **芼搴也** 謂拔取菜 **疏** 芼搴也○釋曰孫炎曰皆釋菜也某氏曰搴猶拔也郭云謂拔取菜以搴是拔之義史記曰斬將搴旗謂拔取敵人之旗也周南關雎云參差荇菜左右芼之故云謂拔取菜毛傳云芼擇亦謂拔菜而擇之也 **典經也威則也** 威儀可法則 **疏** 典經也威則也○釋曰周禮大宰之職掌建邦之六典鄭注云典常也經也法也王謂之禮經常所秉以治天下也邦國官府謂之

釋言

建築

相朝

○晉郤至如楚聘且涖盟楚子享之子反相爲地室而縣

成十二

焉縣鍾鼓也○相息亮反縣音玄注同郤至將登登堂金奏作於下擊鍾而奏樂疏注擊鍾而奏樂○正義曰作樂謂之奏奏樂先擊鍾故周禮大司樂樂師每事皆云令奏鍾鼓以鍾先擊故先言鍾也鍾以金爲之謂之金奏故鍾師掌金奏鄭玄云金奏擊金以爲奏樂之節金謂鍾及鎛也鄭玄燕禮注云以鍾鎛播之鼓磬應之所謂金奏也是金爲奏節之初故傳言金奏作於下作樂先擊鍾故注云擊鍾而奏樂也禮記仲尼燕居云兩君相見入門而縣興升堂而樂闋郊特牲曰賓入大門而奏肆夏示易以敬也鄭玄云賓朝聘者朝聘連言之則燕享朝賓聘客皆入門即奏樂矣其實朝賓入門而奏樂聘客則至庭乃奏樂此郤至將登堂始奏樂者縣當在庭而楚之爲地室而縣待客將登乃奏皆所以見異故欲以驚賓矣燕享聘客皆當入門奏肆夏若燕己之羣臣則有王事之勞者乃得以樂納賓其常燕唯有升歌間合而已無納賓之樂也故燕禮記云若以樂納賓則賓及庭奏肆夏鄭玄云卿大夫有王事之勞者則奏此樂焉是燕己之臣無王事之勞者不以樂納賓也驚而走出子反曰日云莫矣寡君須矣吾子其入也賓曰君不忘先君之好施及下臣貺之以大禮重之以備樂貺賜也○莫音暮本亦作暮施以豉反重直用反○疏注驚而至備樂○正義曰卒聞地下鍾聲出其不意故驚而走出其出實爲驚怖因即飾辭辭樂言己不敢當大禮匿其驚走之意○如天之福兩君相見何以代此下臣不敢言此兩君相見之禮疏注言此至之禮○正義曰仲尼燕居云兩君相見入門而縣興是賓入門作樂爲兩君相見之禮也而燕禮雖兼聘問之賓以燕己臣爲主而云若以樂納賓燕己之臣尚有以樂納賓之法則燕享聘客必以樂納賓矣故鄭玄郊特牲注云賓朝聘者朝聘並言則君臣同樂郤至不敢同君故以之爲辭耳非謂禮不得也子反曰如天之福兩君相見無亦唯是一矢以相加遺焉用樂言兩君戰乃相見無用此樂○遺唯季反焉於虔反疏注言兩至此樂○正義曰子反意言晉楚並是大國不肯相朝唯戰乃相見其相見之時唯當用是一矢以相加陵相遺與耳無爲用此樂也寡君須矣吾子其入也賓曰傳諸交讓得賓主辭者多曰賓主以明之疏注傳諸至明之○正義曰知傳諸交讓得賓主辭者多曰賓主者此傳每稱郤至爲賓文十二年傳稱西乞術爲賓并稱主人曰之類是也若讓之以一矢禍之大者其何福之爲世之治也諸侯間於天子之事則相朝也王事間缺則脩私好○治直吏反下注治世同間音閑注同○於是乎有享宴之禮享以訓共儉享有體薦設几而不倚爵盈而不飲肴乾而不食所以訓共儉○享許丈反舊又許亮反本亦作饗宴於見反徐於顯反倚於綺反疏注享有至共儉○正義曰享有體薦宣十六年傳文也設几而不倚爵盈而不飲昭五年傳文也禮聘義記曰聘之禮至大禮也酒清人渴而不敢飲也肉乾人飢而不敢食也彼言聘禮即是享聘賓

營造

古墳墓放住屋

房屋模型

滿蒙古蹟考 183 195 213

宮室

朝士中士六人府三人史六人胥六人徒六十人朝士主外朝之法。朝直遥反卷内同疏注朝士至之法。釋曰在此者案其職云掌建邦外朝之法左九棘右九棘之事以朝士爲詢衆庶獄疑獄故屬秋官但序官之法秋官雖爲刑獄所施至於防禁之屬皆在秋官又於賓客是主人所徵故鄉飲酒坐賓於西北象天地嚴凝之氣始於西南盛於西北是以賓客之事亦屬焉云朝士主外朝之法者天子諸侯皆三朝內朝二路門外與路寢庭是也外朝一此朝在皐門內庫門外是也

朝士掌建邦外朝之灋左九棘孤卿大夫位焉羣士在其後右九棘公侯伯子男位焉羣吏在其後面三槐三公位焉州長衆庶在其後左嘉石平罷民焉右肺石達窮民焉樹棘以爲位者取其赤心而外刺象以赤心三刺也槐之言懷也懷來人於此欲與之謀羣吏謂府史也州長鄉遂之官鄭司農云王有五門外曰皐門二曰雉門三曰庫門四曰應門五曰路門路門一曰畢門外朝在路門外內朝在路門內左九棘右

九棘故易曰係用徽纆寘于叢棘玄謂明堂位說魯公宮曰庫門天子皋門雉門天子應門言魯用天子之禮所名曰庫門者如天子皋門所名曰雉門者如天子應門此名制二兼四則魯無皋門應門矣檀弓曰魯莊公之喪既葬而絰不入庫門言其除喪而反由外來是庫門在雉門外必矣如是王五門雉門爲中門雉門設兩觀與今之宮門同閽人幾出入者窮民蓋不得入也郊特牲譏繹於庫門內言遠當於廟門廟在庫門之內見於此矣小宗伯職曰建國之神位右社稷左宗廟然則外朝在庫門之外皋門之內與今司徒府有天子以下大會殿亦古之外朝哉周天子諸侯皆有三朝外朝一內朝二內朝之在路門內者或謂之燕朝。長丁丈反注同罷音皮司圜職同刺七賜反下同繯亡北反示于之豉反又如字本或作寘叢才公反覲古亂反闇音昬繹音亦徐音夕見賢遍反與音餘下國服與同

疏 注樹棘至燕朝釋曰云取其赤心而外棘者據王詢三刺而言云槐之言懷也者懷來人於此欲與之謀此亦據三詢而言也云州長鄉遂之官者州長是鄉之官兼言遂者鄉之官既在此明六遂之官亦在此故言遂以苞之先鄭云王有五門外曰皋門二曰雉門三曰庫門四曰應門五曰路門路門一曰畢門者畢門之言出自顧命故顧命云二人爵弁執惠立於畢門之內是也云外朝在路門外內朝在路門內者此後鄭皆不從云左九棘右九棘故易曰係用徽纆寘于叢棘者證九棘之朝斷罪人之朝也云玄謂明堂位說魯公宮曰庫門天子皋門雉門天子應門言魯用天子之禮所名曰庫門者如天子皋門所名曰雉門者如天子應門此名制二兼四後鄭言此者欲破先鄭以天子雉門在庫門外爲之若然魯作庫門名曰皋門其制則與天子皋門同是制一兼二庫門向外兼得皋門矣魯作雉門名曰應門其制與天子應門同是亦制一兼二則雉門向內兼得應門矣是魯制二兼四之事魯之庫門既向外兼皋門魯之雉門又向內兼應門則天子庫門在雉門外何得庫門倒在雉門內此爲一。明又引檀弓曰魯莊公之喪既葬而絰不入庫門言其除喪而反由外來是庫門在雉門外必矣者時魯有慶父作亂閔公遭莊公之喪既葬之後不得既虞變服既葬而反則除喪也服吉而入以服慶父之心故也若庫門在內雉門在外應云而絰不入雉門何得云不入庫門故鄭云是庫門在雉門外必矣上以制二兼四故出庫門在雉門外將爲未大明更以絰不入庫門乃大明故言必矣云如是王五門雉門爲中門已下更欲破先鄭外朝在路門外事雉門既爲中門雉門設兩觀公羊傳文與今之宮門同舉漢以況周矣云閽人幾出入者窮民蓋不得入也者若外朝在路門外中門內外朝有右肺石達窮民中門既有閽人幾則何得度中門入于路門乎明外朝在中門外矣又引郊特牲及小宗伯者欲見庫門內雉門外中門不得置外朝之事何者郊特牲譏繹于庫門內言遠謂譏其太遠云當於廟者宜在廟門西故云當於廟也云廟在庫門之內見於此矣者欲見中門外有廟又引小宗伯者見社廟在中門外既然中門外有社稷宗廟在於左右不得置外朝可知云然則外朝在庫門之外皋門之內與者無正文推量爲義故云與以疑之也舉漢法者況義耳云天子諸侯皆有三朝外朝一內朝二者天子外朝一者即朝士所掌者是也內朝二者司士所掌正朝大僕所掌路寢朝是二也諸侯內朝二者玉藻云朝于內朝朝羣臣辨色始入君日出而視朝退適路寢使人視大夫大夫退然後適小寢彼亦路門外內二者爲內朝二閔二年季友將生卜人云閒于兩社爲公室輔兩社周社亳社是兩社在大門內中門外爲外朝是諸侯外朝一內朝二三文疏已在射人云在路門內或謂之燕朝者大僕云掌燕朝之服位是也

帥其屬而以鞭呼趨且辟趨翦辟行人執鞭以趨之。趨本又作趍同七須反劉音清欲反

疏 帥其至且辟。釋曰其屬者案序官朝士中士六人府三人史六人胥六人徒六十人云帥其屬者是徒六十人爲之

禁慢朝錯立族談者慢朝謂臨朝不肅敬也錯立族談違其位僔語也。僔徐子損反劉才官反李一音纂

疏 注慢朝至語也○釋曰朝士所禁則無問貴賤皆禁之云錯立族談者族聚也云違其位解錯立僔亦聚也聚語解族談也

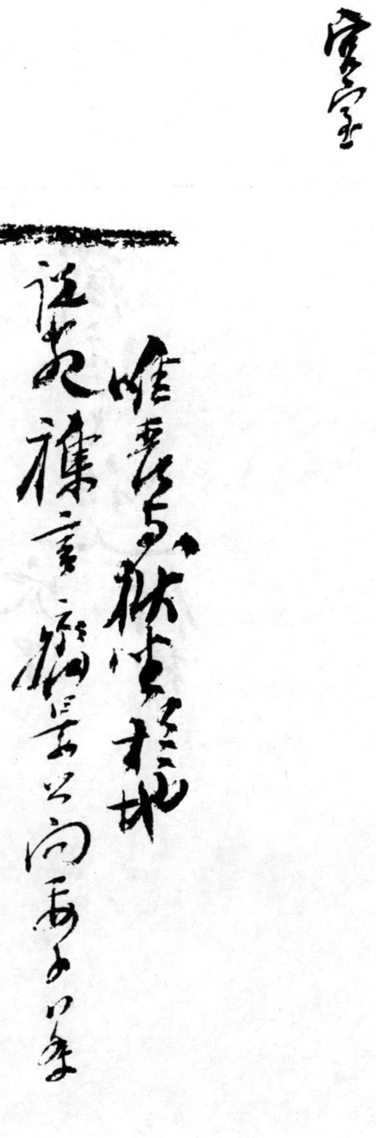

造屋材料

木　石　土—瓴　甍

藏身之始
- 穴中
- 樹杪

宫室

居者住所人之定位
孩兒輩亦知之 家畜亦然 或云屋小故如此
勉稚穴居時更勝故有在室之居也
廟奧等神或自茲起也

宫室

居高明

堪察加印第安人冬處異居冬之窟中

夏地下屋架屋出牛飽夏與古人居高

明之法

明堂

明堂　蔡太室太廟太學辟雍異同　鄭玄異

附釋音禮記注疏卷第三十一

明堂位第十四 ○陸曰鄭云以其記諸侯朝周公於明堂所陳列之位○ 【疏】正義曰按鄭目錄云名曰明堂者以其記諸侯朝周公於明堂之時所陳列之位也在國之陽其制東西九筵南北七筵堂崇一筵五室凡室二筵此於別錄屬明堂陰陽按異義今禮戴說禮盛德記曰明堂者自古有之凡九室室四戶八牖共三十六戶七十二牖以茅蓋屋上圓下方所以朝諸侯其外有水名曰辟雍明堂月令說明堂高三丈東西九仞南北七筵上圓下方四堂十二室室四戶八牖其宮方三百步在近郊三十里講學大夫淳于登說云明堂在國之陽三里之外七里之內丙巳之地就陽位上圓下方八窗四闥布政之宮故稱明堂明堂盛貌周公祀文王於明堂以配上帝五精之神大微之庭中有五帝坐位古周禮孝經說明堂文王之廟夏后氏曰世室殷人曰重屋周人曰明堂東西九筵南北七筵堂崇一筵五室凡室二筵蓋之以茅周公所以祀文王於明堂以昭事上帝許君謹按今禮古禮各以義說無明文以知之鄭駁之云戴禮所云雖出盛德記及其下顯與本章異九室三十六戶七十二牖以秦相呂不韋作春秋時說者蓋非古制也四堂十二室字誤本書云九堂十二室淳于登之言取義於孝經援神契說宗祀文王於明堂以配上帝曰明堂者上圓下方八窗四闥布政之宮在國之陽帝者諦也象上可承五精之神五精之神實在大微在辰爲巳是以登云然今漢立明堂於丙巳由此爲之如鄭此言用淳于登之說此說錄所云依考工記之文然先代諸儒各爲所說不一故蔡邕明堂月令章句明堂者天子大廟所以祭祀夏后氏世室殷人重屋周人明堂饗功養老教學選士皆在其中故言取正室之貌則曰大廟取其正室則曰大室取其堂則曰明堂取其四時之學則曰大學取其圓水則曰辟雍雖名別而實同鄭必以爲各異者袁準正論明堂宗廟大學禮之本物也事義不同各有所爲而世之論者合以爲一體取詩書放逸之文經典相似之語推而致之考之人情失之遠矣宗廟之中人所致敬幽隱清淨鬼神所居而使衆學處焉饗射其中人鬼慢黷死生交錯囚俘截耳瘡痍流血以干鬼神非其理也茅茨采椽至質之物建日月乘玉路以處其中非其類也夫宗廟鬼神所居祭天而於人鬼之室非其處也王者五門宗廟在一門之內若射在於廟而張三侯又辟雍在內人物衆多殆非宗廟之中所能容也知準之所論是鄭不同之意然考工記明堂南北七筵每室二筵則南北三室居六筵室外南北唯有一筵宗廟路寢制如明堂既穢在路寢室外得容穢者路寢雖制似明堂其室不敢踰廟其實寬大矣故多士傳云天子堂廣九雉三分其廣以二爲內五分其內以一爲高東房西房北堂各三雉是其闊得容穢也或可穢在中央土室之前近西在金室之東不必要在堂簷之下

禮記　鄭氏注　孔穎達疏

堂崇

天子之堂九尺 諸侯七尺 大夫五尺 士三尺

天子諸侯臺門

以高爲貴者天子之堂九尺諸侯七尺大夫五尺士三尺天子諸侯臺門此以高爲貴也○有

疏 有以至貴也○正義曰天子之堂九尺此周法也按考工記殷人重屋堂崇三尺鄭差之云夏高一尺故知此九尺者周法也

礼器

宫室

匠人營國方九里旁三門營謂丈尺其大小天子十二門通十二子 疏 匠人至三門○釋曰按典命云上公九命國家宫室車旗衣服禮儀以九爲節侯伯子男已下皆依命數鄭云國家謂城方公之城蓋方九里侯伯七里子男五里故文王有聲詩箋差之天子當十二里此云九里者按下文有夏殷與此九里通異代也鄭異義駮或云周亦九里城則公七里侯伯五里子男三里不取典命等注由鄭兩解故義有異也疏備在典命也○注營謂至二子○釋曰云丈尺據高下而言云天小據遠近而說也云天子十二門以通十二子者按孝經援神契云天子即政置三公九卿二十七大夫八十一元士愼文命下各十二子如是甲乙丙丁之屬十日爲母子丑寅卯等十二辰爲子故王城面各三門以通十二子也國中九經九緯經涂九軌國中城內也經緯謂涂也經緯之涂皆容方九軌軌謂轍廣乘車六尺六寸旁如七寸凡八尺是謂轍廣九軌積七十二尺則此涂十二步也旁如七寸者輻內二寸半輻廣三寸半綆三分寸之二金轄之閷三分寸之一○涂音塗綆方潁反轄胡瞎反 疏 注國中至之一○釋曰言九經九緯者南北之道爲經東西之道爲緯王城面有三門門有三涂男子由右女子由左車從中央鄭云旁加七寸者輻內二寸半者計轂在輻內九寸有餘今言輻內有二寸半者不加輿下覆轂者也左祖右社面朝後市王宫所居也祖宗廟面猶鄉也王宫當中經之涂也

十三經注疏 周禮四十一 冬官考工記下 二十

○鄉許亮反○ 疏 注王宫至涂也○釋曰言王宫所居也者謂經左右前後者據王宫所居處中而言之故云王宫所居也云王宫當中經之涂也者按祭義注云周尚左桓二年取郜大鼎納於大廟何休云質家右宗廟尚親親文家右宗廟尚尊尊義與此合按劉向別録云路寢在北堂之西社稷宗廟在路寢之西又云左明堂辟雍右宗廟社稷皆不與禮合鄭皆不從之矣○市朝一夫方各百步 疏 注方各百步○釋曰按司市市有三期揔於一市之上爲之若市揔一夫之地則爲大狹蓋市曹司次介次所居之處與天子二朝皆居一夫之地各方百步也夏后氏世室堂脩二七廣四脩一世室者宗廟也魯廟有世室牲有白牡此用先王之禮脩南北之深也夏度以步令堂脩十四步其廣益以四分脩之一則堂廣十七步半○ 疏 注世室至步半○釋曰鄭云此用先王之禮者世室用此經夏法白牡用殷法皆是用先王之禮也云夏度以步者下文云三四步明此二七是十四步也云令堂脩十四步者言假令以此堂云二七約之知用步無正文故鄭以假令言之也知堂廣十七步半者以南北爲脩十四步四分之取十二步益三步爲十五步餘二步益半步爲二步半添前十五步是十七

步半也。五室三四步四三尺堂上爲五室象五行也三四步室方也四三尺以益廣也木室於東北火室於東南金室於西南水室於西北其方皆三步其廣益之以三尺土室於中央方四步其廣益之以四尺此五室居堂南北六丈東西七丈【疏】注堂上至七丈○釋曰云五室象五行者以其宗廟制如明堂明堂之中有五天帝五人帝五人神之坐皆法五行故知五室象五行也東北之室言木東南之室言火西南之室言金西北之室言水五行先起東方故東北方之室言木其實東北之室兼水矣東南之室兼木矣西南之室兼火矣西北之室兼金矣以其中央大室有四堂四角之室皆有堂故知義然也中央之室大一尺者以其在中號爲大室故多一尺也云此五室居堂南北六丈東西七丈者以其大室居中四角之室皆於大室外接四角爲之大室四步四角室各三步則南北三室十步故六丈東西三室六丈外加四三尺又一丈故七丈也○九階南面三三面各二○【疏】注南面三三面各二○釋曰按賈馬諸家皆以爲九等階鄭不從者以周殷差之夏后氏宮室故一尺之堂爲九等階於義不可故爲旁九階也鄭知南面三階者見明堂位云三公中階之前北面東上諸侯之位阼階之東西面北上諸伯之國西階之西東面北上故知南面三階也知餘三面各二者大射禮云工人士與梓人升自北階又雜記云夫人至入自闈門升自側階奔喪云婦人奔喪升自東階以此而言四面有階可知○四旁兩夾窻窻助戶爲明每室四戶八窻○夾古洽反劉古協反窻初江反一音怱○【疏】注窻助至八窻○釋曰言四旁者五室室有四戶四戶之旁皆有兩夾窻則五室二十戶四十窻也白盛蜃炭也盛之言成也以蜃灰堊牆所以飾成宮室○蜃常軫反堊烏路反又烏洛反【疏】注蜃炭至宮室○釋曰地官掌蜃掌供白盛之蜃則此蜃灰出自掌蜃也云以蜃灰堊牆者爾雅云地謂之黝牆謂之堊堊即白蜃堊之使壁白也門堂三之二門堂門側之堂取數於正堂令堂如上制則門堂南北九步二尺東西十一步四尺爾雅曰門側之堂謂之塾○塾音孰劉又音育【疏】注門堂至之塾○釋曰鄭云令堂如上制者以上堂不言步故此注亦云令假令如上制南北十四步東西十七步半今云三之二謂三分取二分以十四步取十二步三分之得八步二步爲丈二尺三分之得八尺以六尺爲一步餘二尺故云南北九步二尺也云東西十一步四尺者十七步半以十五步得十步餘二步半爲丈五尺三分之得一丈以六尺爲一步餘四尺添前爲十一步四尺也引爾雅門側之堂謂之塾者證此經門堂爲塾之義也尚書顧命左塾右塾亦此類也室三之一兩室與門各居一分【疏】注兩室至一分○釋曰此室即在門堂之上作之也言各居一分者謂兩室與門各居一分鄭不言尺數義可知故略而不言也○殷人重屋堂脩七尋堂崇三尺四阿重屋重屋者王宮正堂若大寢也其脩七尋五丈六尺放夏周則其廣九尋七丈二尺也五室各二尋崇高也四阿若今四柱屋重屋複笮也○重直龍反下及注同放方往反複音福笮側白反【疏】注重屋至笮也○釋曰云王宮正堂若大寢也者謂對燕寢側室非正故以此爲正堂大寢也言放夏周者夏在殷前可得言放其周在殷後亦言放者此非謂殷人放周而爲之鄭直據上文夏法下文周法言放猶言約夏周者也雖言放夏周經云堂脩七尋則其廣九尋若周言南北七筵則東西九筵是偏放周法而言放夏者七九偏據周夏后氏南北狹東西長亦是放之故得兼言放夏也云四阿若今四柱屋者燕禮云設洗當東霤則此四阿四霤者也云重屋複笮也者若明堂位云復廟重檐屋鄭注云重檐重承壁材也則此復笮亦重承壁材故謂之重屋

卷卅三

周人明堂度九尺之筵東西九筵南北七筵堂崇一筵五室凡室二筵明堂者明政教之堂周度以筵亦王者相改周堂高九尺殷三尺則夏一尺矣相參之數禹卑宮室謂此一尺之堂與此三者或舉宗廟或舉王寢或舉明堂互言之以明其同制○度九劉直路反戚待洛反下及注同禹卑如字劉音婢與音餘○疏注明堂至同制○釋曰此記人據周作說故其文備於周而略於夏殷是以下文皆據周而說也以夏之世室其室皆東西廣於南北也周亦五室直言凡室二筵不言東西廣鄭亦不言東西益廣或五室皆方二筵與夏異制也若然殷人重屋亦直云堂脩七尋不言室如鄭意以夏周皆有五室十二堂明殷亦五室十二堂云明堂者明政教之堂者以其於中聽朔故以政教言之明堂者明諸侯之尊卑孝經緯援神契云得陽氣明朗謂之明堂以明堂義大故所合○理廣也云周度以筵亦王者相改者對夏度以步殷度以尋是王者相改也云周堂高九尺殷三尺則夏一尺矣者夏無文以後代文而漸高則夏當一尺故云相參之數禹卑宮室謂此一尺之堂與言與者以無正文故言與以疑之也云此三者或舉宗廟或舉王寢或舉明堂互言之以明其同制者互言之者夏舉宗廟則王寢明堂亦與宗廟同制也殷舉王寢則宗廟明堂亦與王寢同制也周舉明堂則宗廟王寢亦與明堂制同也云其同制者謂當代三者其制同非謂三代制同也若然周人殯於西階之上王寢與明堂同則南北七筵惟有六十三尺三室居六筵南北共有一筵一面惟有四尺半何得容殯者按書傳云周人路寢南北七雉東西九雉室居二雉則三室之外南北各有半雉雉長三丈則各有一丈五尺足容殯矣若然云同制者直制法同無妨大小據周而言則與夏殷王寢亦制同而大可知也○

室中度以几堂上度以筵宮中度以尋野度以步涂度以軌周文者各因物宜爲之數室中舉謂四壁之內疏注周文至之內○釋曰云周文者各因物宜爲之數者對殷已上質夏度以步殷度以尋無異稱也因物宜者謂室中坐時馮几堂上行禮用筵宮中合院之內無几無筵故用手之尋也在野論里數皆以步故用步涂有三道車從中央故用車之軌是因物所宜也云室中舉謂四壁之內者對宮中是合院之內係爾宮猶室室猶宮者是散文宮室通也○

廟門容大扃七个大扃牛鼎之扃長三尺每扃爲一个七个二丈一尺○扃古熒反个古賀反注及下同○疏注大扃至一尺○釋曰知大扃牛鼎之扃長三尺者此約漢禮器制度○

闈門容小扃參个廟中之門曰闈小扃膷鼎之扃長二尺參个六尺○闈音韋劉音暉膷音香○疏注廟中至六尺○釋曰云廟中之門曰闈門者爾雅文此即雜記云夫人至入自闈門是也云小扃膷鼎之扃長二尺者亦漢禮器制度知之膷鼎亦牛鼎但上牛鼎扃長三尺據正鼎而言此言膷鼎據陪鼎三膷臐膮而說也

路門不容乘車之五个路門者大寢之門乘車廣六尺六寸五个三丈三尺言不容者是兩門乃容之兩門乃容之則此門半之丈六尺五寸○疏注路門至五寸○釋曰下云應門則此路門以近路寢故特小爲之經言乘車據輿廣六尺六寸者按輿人云輪崇車廣衡長參如一鄭注云車輿也故知此云車亦據輿也云言不容者是兩門乃容之者若容兩个三个四个正應云容乘車之兩个三个四个若四个上復有餘分應云四个然後見其分數多少今直云不容乘車之五个明兩門乃容之猶如上文云中地食者其民可任者二家五人之類也

應門二徹參个正門謂之應門也二徹之內八尺三个二丈四尺

疏注正門至四尺。釋曰云正門謂之應門者爾雅文以其應門內路門外有正朝臣入應門至朝處君臣正治之所故謂此門爲應門是以鄭云謂朝門也。內有九室九嬪居之外有九室九卿朝焉內路寢之裏也外路門之表也九室如今朝堂諸曹治事處九嬪掌婦學之法以教九御六卿三孤爲九卿。疏注內路至九卿。釋曰內外據路寢之表裏言之則九卿之九室在門外正朝之左右爲之故鄭據漢法朝堂諸曹治事處謂正朝之左右爲盧舍者也云九嬪掌婦學之法以教九御者九嬪職文按內宰王有六宮九嬪已下分居之若然不得復分居九室矣此九嬪之九室與九卿九室相對而言之九卿九室是治事之處則九嬪九室亦是治事之處故與六官不同是以鄭引九嬪職掌婦學之法則九室是教九御之所也云六卿三孤爲九卿孤同卿數者以命數同故也按昏義以夏之九卿謂三孤與六卿爲九此云九卿亦謂周之三孤六卿爲九卿。

九分其國以爲九分九卿治之九分其國分國之職也三孤佐三公論道六卿治六官之屬。疏注九分至之屬。釋曰云九分其國分國之職也者鄭恐九分其國分其地域故云

分國之職也云三孤佐三公論道六卿治六官之屬者欲見分職爲九分之意以其三公三孤無正職天地四時正職六卿治之其餘非正職者分爲三分三公治之三孤則佐三公者也但三公中參六官之事外與六鄉之教書傳又云司徒公司馬公司空公則三公六卿亦有職此亦據夏而言周則未見分爲九分也

王宮門阿之制五雉宮隅之制七雉城隅之制九雉阿棟也宮隅城隅謂角浮思也雉長三丈高一丈度高以高度廣以廣。浮思並如字本或作罘罳同高一古報反後放此度待洛反下同。疏注阿棟至以廣。釋曰云王宮門阿之制五雉者五雉謂高五丈云宮隅之制七雉者七雉亦謂高七丈不言宮牆宮牆亦高五丈也云城隅之制九雉者九雉亦謂高九丈不言城身城身宜七丈云阿棟也者謂門之屋兩下爲之其脊高五丈鄭以浮思解隅者按漢時云東闕浮思災言災則浮思者小樓也按明堂位云疏屏注亦云今浮思也刻之爲雲氣蟲獸如今闕上爲之矣則門屏有屋覆之與城隅及闕皆有浮思刻畫爲雲氣并蟲獸者也云雉長三丈高一丈度高以高度廣以廣者凡版廣二尺公羊云五版爲堵高一丈五堵爲雉書傳云雉長三丈度高以高度長以長廣則長也言高一雉則一丈言長一雉則三丈引之者證經五雉七雉九雉雉皆爲丈之義

經涂九軌環涂七軌野涂五軌廣狹之差也故書環或作轘杜子春云當爲環環涂謂環城之道。環如字劉戶串反轘戶關反。疏注廣狹至之道。釋曰環涂謂遶城道如環然故謂之環也野涂國外謂之野通至二百里內以其下有都之涂三軌言都則三百里大夫家涂亦三軌也故知此野通二百里內也不言緯者以與經同也

門阿之制以爲都城之制都四百里外距五百里王子弟所封其城隅高五丈宮隅門阿皆三丈。疏注都四至三丈。釋曰鄭云都四百里外距五百里王子弟所封者則推據大都而言不通小都卿之采地以司裘諸侯共熊侯豹侯卿大夫共麋侯則卿不入諸侯中此云都據諸侯而言故不及小都也大都諸侯兼三公直云王子。其言略兼有三公可知云城隅高五丈者以上文王門阿五雉今云門阿之制爲都城制城制五雉若據城身則與下諸侯同故知此城制據城隅也云宮隅門阿皆三丈者以下文畿外諸侯尊得申爲臺門高五丈此畿內屈故宮隅門阿皆三丈也。

宮隅之制以爲諸侯之城制

諸侯畿以外也其城隅制高七丈宮隅門阿皆五丈禮器曰天子諸侯臺門【疏】注諸侯至臺門釋曰鄭知諸侯畿以外者上文都據畿内諸侯故知此諸侯據畿以外也引禮器者欲見諸侯門阿得與天子同之意也按異義古周禮說云天子城高七雉隅高九雉公之城高五雉隅高七雉侯伯之城高二雉隅高五雉都城之高皆如子男之城高隱元年服注云與古周禮說同其天子及公故與以匠人同其侯伯以下與此匠人說異者此匠人云門阿之制以爲都城之制高五雉亦謂城隅也其城高三雉與侯伯等如是子男豈不如都乎明子男城亦與伯等是以周禮說不云子男及都城之高直云都城之高皆如子男之城高有此匠人相參以知子男皆爲本耳亦互相曉明子男之城不止高一丈隅二丈而已如是王宮隅之制以爲諸侯城制者惟謂上公耳以此計之王城隅高九雉城高七雉上公之城隅高七雉城高五雉侯伯已下城隅高五雉城高三雉天子門阿五雉則宮亦五雉其隅七雉上公之制鄭云宮隅門阿皆五雉則其宮亦五雉都之制鄭云宮隅門阿皆三雉則其宮高亦三雉何者天子門阿與宮等明知其餘皆等惟伯子男宮與都等其門阿蓋高於宮當如天子五雉何者禮器云天子諸侯臺門大夫不臺門以此觀之天子及五等諸侯其門阿皆五雉可知都城據大都而言其小都及家之城都當約中五之一家當小九之一爲差降之數未聞也

環涂以爲諸侯經涂野涂以爲都經涂

經亦謂城中道諸侯環涂五軌其野涂及都環涂野涂皆三軌【疏】注經亦至三軌○釋曰諸侯直云經涂不言緯涂緯涂亦與天子環涂同可知諸侯及都皆不言環涂野涂文略有可知故鄭增成之也知諸侯環涂五軌野涂三軌者以經涂七軌以下差降爲之故知義然也又知都環涂野涂皆三軌者此涂皆男子由右女由左車從中央三者各一軌則都之野涂不得降爲一軌是以遂人注云路容三軌遥釋此也云都之野涂與環涂同以其野涂不得上於田間川上之路故也

建業

【索隱述贊】曰靖郭之子威王之孫既彊其國實高其門好客喜士見重平原雞鳴狗盜魏子馮驩如何承睫薛縣徒存

史記卷七十六

平原君虞卿列傳第十六

平原君趙勝者趙之諸公子也【集解】徐廣曰魏公子傳曰趙惠文王弟【正義】勝式證反諸子中勝最賢喜賓客賓客蓋至者數千人平原君相趙惠

乾隆四年校刊　史記卷七十六　列傳　三十五

文王及孝成王三去相三復位封於東武城【集解】徐廣曰屬清河【正義】今貝州武城縣也平原君家樓臨民家民家有躄者槃散行汲【集解】槃散亦作蹣【索隱】躄音壁散音先寒反亦作跚音同【正義】躄跛也平原君美人居樓上臨見大笑之明日躄者至平原君門請曰臣聞君之喜士士不遠千里而至者以君能貴士而賤妾也臣不幸有罷癃之病【集解】徐廣曰癃音隆病也【索隱】罷音皮癃音呂宫反罷癃背疾言腰曲而背隆高也而君之後宫臨而笑臣臣願得笑臣者頭平原君笑應曰諾躄者去平原君笑曰觀此豎子乃欲以一笑之故殺吾美人不亦甚乎終不殺居歲餘賓客門下舍人稍稍引去者過半平原君怪之曰勝所以待諸君者未嘗敢失禮而去者何多也門下一人前對曰以君之不殺笑躄者以君爲愛色而賤士士卽去耳於是平原君乃斬笑躄者美人頭自造門進躄者因謝焉其後門下乃復稍稍

建築

史記商君列傳：居三年，作為築冀闕宮庭於咸陽，秦自雍徙都之。而令民父子兄弟同室內息者為禁。索隱：冀闕即魏闕也。冀，記也。出列教令，當記於此門闕。又云：始秦戎翟之教，父子無別，同室而居。今我更制其教，而為其男女之別，大築冀闕，營如魯衛矣。

安吉書趙郎

建築

内

史記外戚世家（褚先生）武帝[illegible]女

[illegible]内中[illegible]宮[illegible]南

[illegible]

達巢

勝自立爲將軍廣爲都尉攻大澤鄉拔之收兵而攻蘄蘄下乃令符離人葛嬰將兵徇蘄以東

乾隆四年校刊

前漢書卷三十一 陳勝列傳 一

李奇曰徇略也師古曰音似峻反攻銍酇苦柘譙皆下之師古曰五縣名也銍音竹乙反酇音才多反行收兵比至陳師古曰比音必寐反兵車六七百乘騎千餘卒數萬人攻陳陳守令皆不在師古曰守郡守也令縣令也○劉攽曰按秦時陳不爲郡何庸有守乎疑衍皆字又守者非正官權守者耳獨守丞與戰譙門中晉灼曰譙門義闕師古曰守丞謂郡丞之居守者一日郡守之丞故曰守丞譙門謂門上爲高樓以望者耳樓一名譙故謂美麗之樓爲麗譙譙亦呼爲巢所謂巢車者亦於兵車之上爲樓以望敵也譙巢聲相近本一物也今流俗書本譙下有城字非也既自陳耶非譙之城譙城前已下矣○劉攽曰譙門名譙陳與譙隣門去譙路者也不勝守丞死乃入據陳

封建

制國不過千乘 都城不過百雉 家富不過百乘

子云貧而好樂富而好禮衆而以寧者天下其幾矣言如此者寡也寧安也大族衆家恒多作亂。好呼報反下同樂音洛又音岳幾居豈反又音譏。詩云民之貪亂寧爲荼毒言民之貪爲亂者安其荼毒之行惡之也。荼音徒行下孟反惡烏路反下猶惡皆同故制國不過千乘都成不過百雉家富不過百乘以此坊民諸侯猶有畔者古者方十里其中六十四井出兵車一乘此兵賦之法也成國之賦千乘雉度名也高一丈長三丈爲雉百雉爲長三百丈方五百步子男之城方五里百雉者此謂大都三國之一。乘繩證反下注同高古報反長直亮反下同。

疏 子云至畔者。正義曰此一節明上下制度有限防其奢僭畔逆之事。衆而以寧者天下其幾矣者言家族衆多必致禍亂家族衆而得寧者普天之下其幾多人矣言貧而好樂富而好禮衆而得寧如此三者言天下極少故云其幾矣。詩云民之貪亂寧爲荼毒者此詩大雅桑柔之篇刺厲王之詩言民之惡者貪爲禍亂安爲荼毒之行以害於人民多如此故云上三事天下甚少。故制國不過千乘都城不過百雉家富不過百乘者以天下爲惡者多故爲限節制諸侯之國不得過千乘之賦卿大夫都城不得過越百雉卿大夫之富采地不得過越百乘以此坊民諸侯猶有畔者於時卿大夫亦有畔而獨言諸侯者舉其重餘可知也。注古者至之一。正義曰古者方十里其中六十四井出兵車一乘此兵賦之法也案司馬法云成方十里出革車一乘司馬又云甸方八里出長轂一乘鄭注小司徒云若通溝洫之地則爲十里若除溝洫之地則爲八里故云六十四井出車一乘云成國之賦千乘者襄十四年左傳成國不過半天子之軍謂滿千乘則爲成國是公侯之封也案千乘之賦地方三百一十六里有畸案周禮公五百里侯四百里則是過千乘云不過千乘者其地雖過其兵賦爲千乘故論語注云雖大國之賦亦不是過焉其兵賦之法王畿之內六鄉之法家出一人萬二千五百家爲鄉大司馬云五師爲軍則萬二千五百家爲一軍是一鄉出一軍又云天子六軍是出於鄉凡軍制大司馬云五人爲伍五伍爲兩四兩爲卒五卒爲旅五旅爲師五師爲軍此師之制也凡出軍之法鄉爲正遂爲副則遂之出軍與鄉同故鄭注小司徒云鄉之田制與遂同則知遂之軍法與鄉同其公邑出軍亦與鄉同故鄭注匠人云采地制井田異於鄉遂及公邑則知公邑地制與鄉遂同明公邑出軍亦與鄉同其公卿大夫采地既爲井田殊於鄉遂則出軍亦異於鄉遂也故鄭注小司徒井十爲通通士一人徒二人通十爲成成革車一乘士十人徒二十人十成爲終革車十乘士一百人徒二百人十終爲同同革車百乘士千人徒二千人此謂公卿大夫采地出軍之制也其王畿之外謂諸侯大國三軍次國二軍小國一軍皆出鄉遂故費誓云三郊三遂是諸侯有遂也其諸侯計地出軍則司馬法云九夫爲井四井爲邑四邑爲丘丘馬一匹牛三頭四丘爲甸甸出長轂一乘甲士三人步卒七十二人馬四匹牛十二頭故成元年作丘甲杜服俱引此文以釋之又論語云道千乘之國鄭注引司馬法成出革車一乘但十里八里不同於上已釋此皆謂天子諸侯兵賦也又異義云天子萬乘諸侯千乘大夫百乘此大判言之尊卑相十之義其間委曲鄉遂公邑細別不同也故魯頌云公車千乘謂大總計地出軍也公徒三萬謂鄉遂兵數也是國界計地與鄉遂數不同諸侯城方十里出賦之時雖革車一乘甲士三人步卒七十二人其臨敵對戰之時則同鄉法五人爲伍五伍爲兩之屬也故左傳云㒩之戰楚廣有一卒卒偏之兩又云兩之一卒適吳是臨軍對陣同鄉法也牧誓云武王戎車三百兩孔注云一車步卒七十二人則出軍法也經云千夫長百夫長謂對敵時也據司馬法之文諸侯車甲牛馬皆計地令民自出若鄉遂之衆七十五人則遣出革車一乘甲士三人馬四匹牛十二頭恐非力之所能皆是國家所給故周禮巾車職毀折入齎于職幣周禮馬質云凡受馬於有司者書其齒毛與其賈馬死則旬之內更又司兵職云及授兵從司馬之法以頒之及其受兵輸亦如之是國家所給也云高一丈長三丈爲雉者異義古春秋左氏說云百雉爲長三百丈方五百步者六尺爲步五六三十故三百丈爲五百步云子男之城方五百里者周禮典命云子男五命其國家宮室以五爲節國家謂城方也是子男城方五里也云百雉者此謂大都三國之一者言子男五里積千五百步左傳云大都參分國之一子男大都三分國城而居其一是大都五百步爲百雉也但國城之制凡有二義鄭之此注子男五里則侯伯七里公九里天子十二里案鄭駁異義又云天子城九里公城七里侯伯之城五里子男之城三里此云百雉者謂侯伯之大都杜預同焉與鄭此注異也經云家富不過百乘者諸侯之卿采地也故左傳云唯卿備百邑地方百里也直云唯卿百邑未知天子諸侯公卿大夫采地大小案鄭注小司徒云百里之國凡四都五十里之國凡四縣二十五里之國凡四甸又云采地食者皆四之一說者據此以爲公食百里卿食五十里大夫食二十五里其諸侯之卿大夫傳云卿備百邑論語云百乘之家此據諸侯臣之采地則公之孤侯伯之卿與天子三公同俱方百里公之卿與侯伯之大夫俱方五十里公之大夫與侯伯之下大夫俱方二十五里其子男之地唯方二百里以下其卿之采地不得復方百里案易訟卦注云小國之下大夫采地方一成其定稅三百家唯有此[illegible]子男中都大都無以言之案鄭注論語云駢邑三百家云齊下大夫之制似公侯伯下大夫唯三百家[illegible]時齊之強臣尤多故伯氏唯食三百家之邑不與禮同也此皆皇氏之說熊氏以爲卿備百邑者鄭志以[illegible]里與云乘別又以諸侯臣賜地無常得地[illegible]夫同十里之成

宮室

殷代建築

田野考古報告一冊 99 100頁

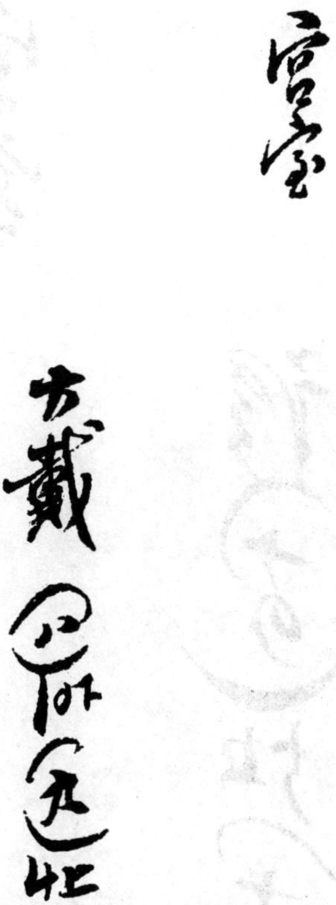
宫室
方戴

宫室

讀(十四)史(十七)札

長城

關第(三)4上(五三)2下(廿九)4上

宮室

開發（三）孔建作

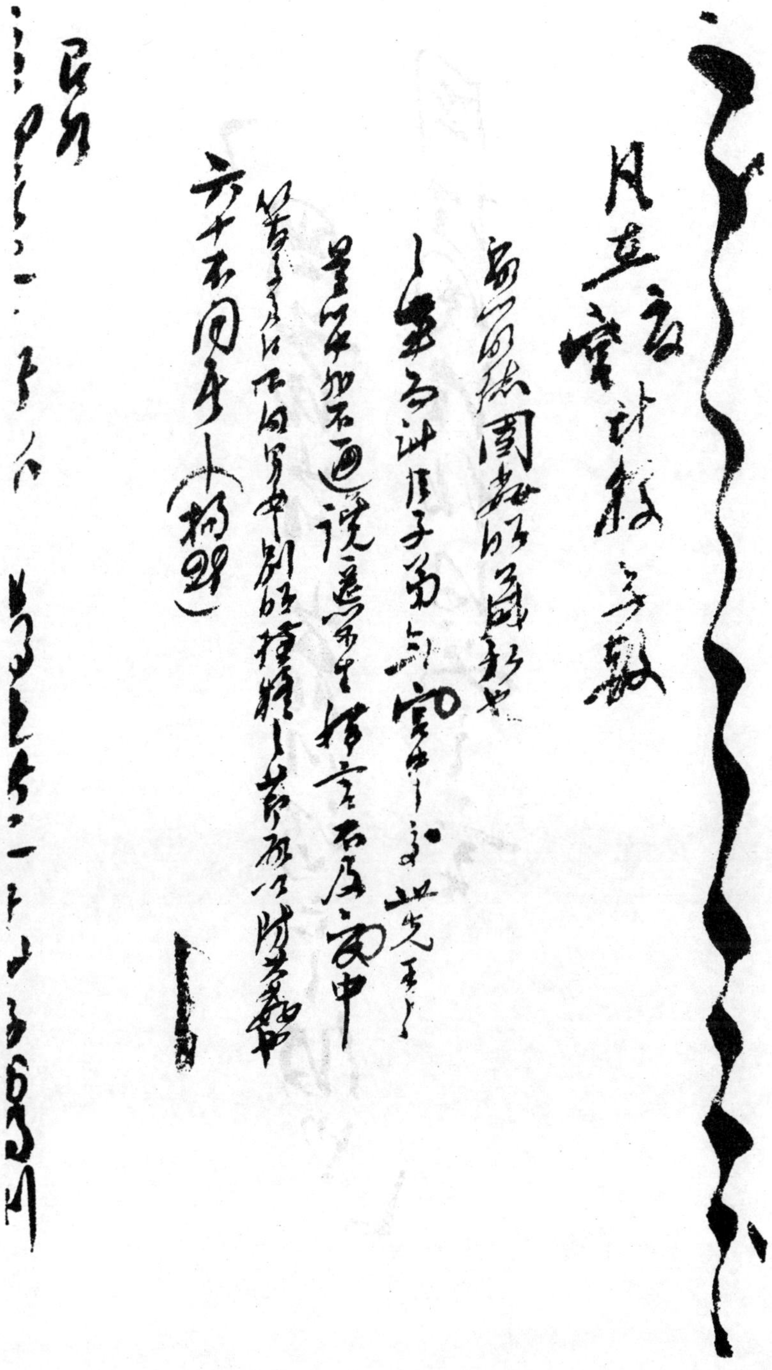

「周書經序當以謂之假也」

周禮周語作周公之言

宮室

[illegible]

○諸侯之宮縣而祭以白牡擊玉磬朱干設錫冕而舞大武乘大路諸侯之僭禮也言此皆天子之禮也宮縣四面縣也干盾也錫傳其背如龜也武萬舞也白牡大路殷天子禮也。縣音玄注及下同錫音陽注同盾本亦作楯純尹反又音尹傳音附背補佩反臺門而旅樹反坫繡黼丹朱中衣大夫之僭禮也言此皆諸侯之禮也旅道也屏謂之樹樹所以蔽行道管氏樹塞門塞猶蔽也禮天子外屏諸侯內屏大夫以簾士以帷反坫反爵之坫也蓋在尊南兩君相見主君既獻於反爵焉繡黼丹朱以爲中衣領緣也繡讀爲綃綃繒名也詩云素衣朱綃又云素衣朱襮襮黼領也。坫丁念反繡依注作綃音消注或作綃亦同黼音甫簾音廉於反爵焉本或作賓反爵焉領緣移絹反繒似陵反襮音博。

疏諸侯至始也。正義曰此一節揔論諸侯及大夫奢僭強盛之事各依文解之。諸侯之宮縣者諸侯唯合軒縣今乃有宮縣又諸侯祭用時王牲今用白牡又諸侯擊石磬今擊玉磬又諸侯得舞大武故詩云方將萬舞宣八年萬入去籥是也但不不得朱干設錫冕服而舞今朱干設錫冕而舞大武諸侯合乘時王之路今乃乘殷之大路並是諸侯僭禮也。注言此至禮也。正義曰案小胥天子宮縣案文十三年公羊傳云周公用白牲又明堂位云祀周公於太廟牲用白牡擊玉磬則皐陶謨云鳴球是也祭統云朱干玉戚冕而舞大武明堂云魯君孟春乘大路其祭號明堂所云皆天子禮樂特賜周公故云皆天子之禮魯唯文王周公廟得而用之若用於他廟則爲僭也若他國諸侯非二王之後祀受命之君而用之皆爲僭也云錫傳其背如龜也者詩云鏤錫謂以金飾之則此錫亦以金飾也謂用金琢傳其盾背盾背外高龜背亦外高故云如龜也蓋見漢禮然也白牡是殷之正色大路與白牡同文故知白牡大路是殷天子之禮也。臺門至禮也。此一經明大夫僭諸侯禮臺門者兩邊起土爲臺臺上架屋曰臺門。而旅樹者旅道也樹立也人君當門道立屏蔽內外爲蔽也。反坫者反爵之坫也若兩君相享則設尊兩楹間坫在其南坫以土爲之。繡黼丹朱中衣者綃繒也黼刺繒爲黼文也丹朱赤色謂染繒爲赤色也中衣謂以素爲冕服之裏衣猶今中衣單也。大夫之僭禮也者[illegible]門以下於時大夫皆有此事故言僭禮也。注言禮至領也。正義曰旅道也所行處故以爲道也云屏謂之樹釋[illegible]樹塞門者據經旅樹之義云禮天子外屏諸侯內屏大夫以簾士以帨者禮緯文南本云及定本皆然或云大夫以帨士以簾誤也云反坫反爵之坫也者以明堂云反坫出尊則坫爲尊而設故知反坫反爵也以言出尊故云蓋在尊南也鄉飲酒是卿大夫之禮尊於房戶閒燕禮是燕己之臣子故尊於東楹之西若兩君相敵則尊於兩楹間故其坫在兩楹間云兩君相見主君既獻於反爵焉者案論語云邦君爲兩君之好有反坫故知兩君相見也故注云其獻酬之禮更酌酌畢則各反爵於坫上故云主君既獻於反爵焉謂於此坫上而反爵焉熊氏云主君獻賓賓筵前受爵飲畢反此虛爵於坫上於西階上拜主人於阼階上荅拜賓於坫取爵洗爵酌以酢主人主人受爵飲畢反此虛爵於坫上主人阼階上拜賓荅拜是賓主飲畢反爵於坫上也而論語注酌畢各反爵於坫上者文不具耳其實當云飲畢或可初酌之時則奠於坫與鄉飲酒禮異也義有疑故具存焉云繡黼丹朱以爲中衣領緣也者中衣謂冕及爵弁之中衣以素爲之繡黼爲領丹朱爲緣云繡讀爲綃綃繒名也者案注昏禮引詩云素衣朱綃魯詩亦以爲綃綃綺屬以魯詩既爲綃字又五色備曰繡白與黑曰黼繡黼不得共爲一物故以繡爲綃也謂於綃上而刺黼文也引詩云素衣朱綃者證以繡爲綃又引詩素衣朱襮者證黼領也案釋器黼領謂之襮故云襮黼領也案玉藻云以帛裹布非禮也此素衣是綵當爲冕及爵弁之中衣禮朝燕之服皆以布爲之皇氏云此素爲中衣兼爲朝燕服之中衣非也案禮公之孤四命則爵弁自祭也則天子大夫四命亦當爵弁自祭則中衣得用素但不得用綃黼爲領丹朱爲緣耳熊氏云此云大夫僭謂非四命大夫而著素衣爲僭今爲四命得著素衣但以綃黼丹朱猶爲僭也其大夫士助祭於君服爵弁以上雖中衣用素亦不得用綃黼丹朱以爲領緣以其是諸侯之服故唐詩揚之水刺晉昭公微弱云素衣朱綃從子于鵠國人欲進此服去從桓叔爲諸侯也

宫室

大攷

余見古冢凡昭十八處之 嘗其清為微小處

深方屋 濡帷幕以帳幕屋頂口（具經語）備此器

然以水灌救蓋甚難之

宮室

刑也

大城不可以不完。郭周不可以外通。里域不可以橫通。橫通謂從旁而通也 閭閈不可以毋闔。閭扉也 宮垣關閉不可以不修。故大城不完則亂賊之人謀。郭周外通則姦遁踰越者作。里域橫通則攘奪竊盜者不止。閭閈無闔外內交通則男女無別。宮垣不備關閉不固雖有良貨不能守也。故形勢不得為非則姦邪之人慤愿。禁禦周固形勢不得為非則姦邪之人無從生心而變為慤愿 禁罰威嚴則簡慢之人整齊。憲令著明則蠻夷之人不敢犯。賞慶信必則有功者勸。教訓習俗者眾則君民化變而不自知也。習俗而善不知善之為善猶入芝蘭之室不知芳之為芳也 是故明君在上位刑省罰寡非可刑而不刑非可罪而不罪也。明君者閉其門塞其塗弇其迹使民毋由接於淫非之地。既閉出非之門又塞生過之塗成罪之迹莫不掩匿如此則自然端直欲接淫非之地其路無由也 是以民之道正行善也若性然。故罪罰寡而民以治矣。

管子　卷五　一

埽葉山房石印

管子八觀

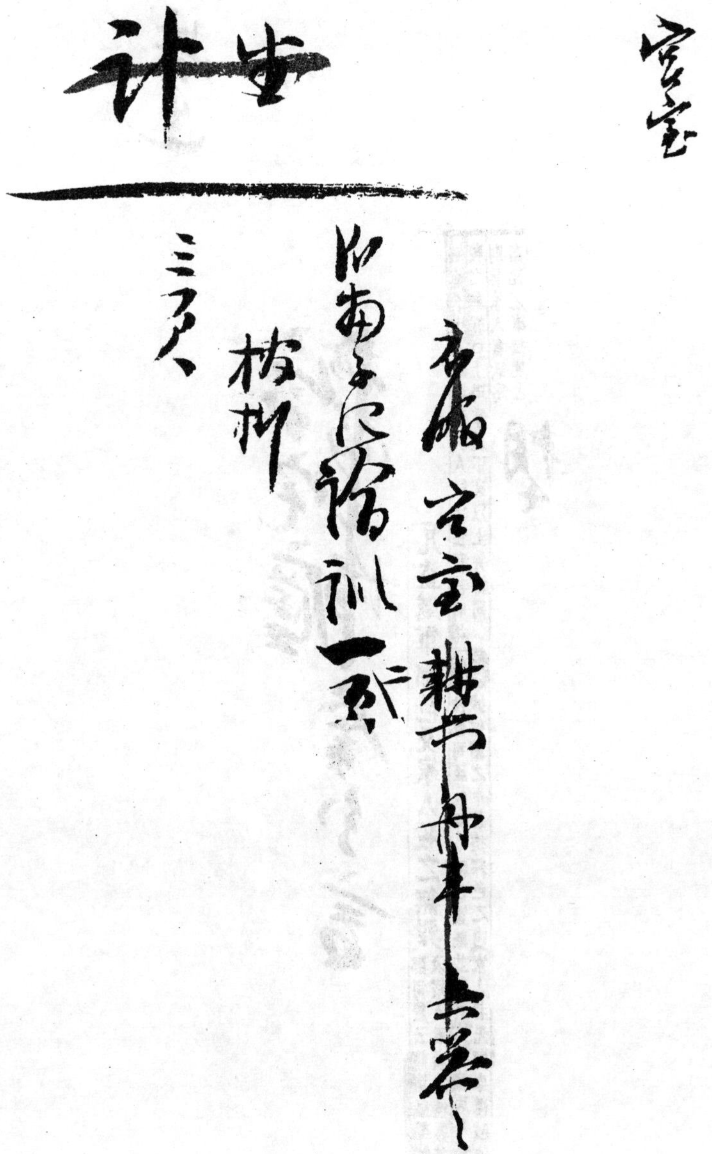

嵩生

室宅廬舍分言

格殺者論

凡盜賊軍鄉邑及家人殺之無罪 鄭司農云謂盜賊羣輩若軍共攻盜鄉邑及家人者殺之無罪若今時無故入人室宅廬舍上人車船牽引人欲犯法者其時格殺之無罪○上時掌反下文以上并注同 疏 注鄭司至無罪○釋曰盜賊並言者盜謂盜取人物賊謂殺人曰賊鄉謂鄉黨之中邑謂邦邑之內家人者先鄭舉漢賊律云牽引人欲犯法則言家人者欲爲姦淫之事故攻之

相七

正月之吉始和布治于邦國都鄙乃縣治象之灋于象魏使萬民觀治象挾日而斂之正月周之正月吉謂朔日大宰以正月朔日布王治之事於天下至正歲又書而縣于象魏振木鐸以徇之使萬民觀焉小宰亦帥其屬而往皆所以重治法新王事也凡治有故言始和者若改造云爾鄭司農云象魏闕也故魯災季桓子御公立于象魏之外命藏象魏曰舊章不可忘從甲至甲謂之挾日凡十日○縣音玄注同挾子協反字又作浹同一本作帀子合反鐸待洛反徇辭俊反

疏 正月至斂之○釋曰自此已下皆謂施前事謂建子周之正月言之吉謂朔日也始調和上六典入法已下之事和說當月即須布此治職文書于諸侯邦國鄉大夫都鄙言乃縣者乃緩辭至建寅之正月乃縣治象之法于雉門象魏使萬民共觀治象挾日者從甲至甲凡十日斂藏之于明堂於後月月受而行之謂之告朔也○注正月至十日○釋曰知正月是周之正月者下文乃縣是建寅明上云正月是周正月知吉是朔日者論語鄉黨云吉月必朝服而朝是吉謂朔日禮記玉藻云諸侯皮弁聽朔于大廟或云吉或云朔聽朔注月一日是知吉爲朔日也云大宰以正月朔日布王治之事于天下者言天下即經邦國都鄙是畿外畿內徧天下即鄉大夫職云正月之吉受法於司徒退而頒之於其鄉吏是同徒布教法從六鄉已下出則此大宰布法亦從六鄉已下出也云至正歲又書而縣于象魏者此鄭釋經中乃縣必知乃縣是正歲建寅之月者下小宰所以佐大宰彼云正歲縣之與此乃縣爲一事故至正歲縣也鄭知振木鐸者約小宰而知也云凡治有故言始和者若改造云爾者上六典已下至九兩國法常定今云始和似更新其事改造云爾其實不改鄭司農云象魏闕也者周公謂之象魏雉門之外兩觀闕高魏魏然孔子謂之觀春秋左氏定二年夏五月雉門災及兩觀是也云觀者以其有教象可觀望又謂之闕者闕去也仰視治象闕去疑事或解闕中通門是以莊二十一年云鄭伯享王于闕西辟注闕象魏也案公羊傳云子家駒謂昭公云諸侯僭天子大夫僭諸侯久矣公曰吾何僭矣哉子家駒曰設兩觀乘大路何氏云天子兩觀諸侯臺門則諸侯不合有觀也若然雉門災及兩觀及禮運云遊於觀之上有觀亦是僭也云故魯災季桓子御公立于象魏之外命藏象魏曰舊章不可忘者此哀公三年左氏傳辭案彼桓僖廟災天火曰災謂桓僖廟被天火所燒舊章象魏在大廟中恐火連及故命藏之若然象魏縣教治也以其象魏建寅之月縣之十日藏之大廟中季桓子曰與公立於雉門象魏之外觀舊縣之處○命藏大廟中象魏引之者證象魏是教象之法又云從甲至甲謂之挾日凡十日者破諸家從甲至癸謂之挾日遍也若從甲至癸仍有癸日不得遍挾故以從甲至甲言之

以爲之類君臣下婦言不及官中之事而討民

而第之舍宫中之文

凡其言叢雜多數

58

典祀掌外祀之兆守皆有域掌其政令—遮列不得有人入域中

厲—遮列—蹕—止行人

典祀中士二人下士四人府二人史二人胥四人徒四十人疏典祀○釋曰在此者案其職云掌外祭祀之兆守皆有域掌其禁令若以時祭祀則帥其屬而脩除以其職祭事故列職於此也

典祀掌外祀之兆守皆有域掌其政令外祀謂所祀於四郊者域兆表之塋域疏典祀至政令○釋曰云掌外祭祀之兆守皆有域掌其禁令者謂遮列不得有人來入域中故云禁令也○注外祀至塋域○釋曰云所祀於四郊者域兆表之塋域者此即小宗伯所云兆五帝於四郊四類四望亦如之兆山川丘陵已下皆是典祀掌之也言兆域據壇外爲溝渠爲表塋域者也若以時祭祀則帥其屬而脩除徵役于司隸而役之屬其屬胥徒也脩除芟埽之徵召也役之作使之疏若以至役之○釋曰云以時祭祀者謂天地山川祭祀皆有時也○注屬其至使之○釋曰鄭知其屬是胥徒者以其典祀身是下士其下惟有胥徒故知也不言府史者府史非役者也徵召也以其司隸主衆隸主供役使故云作使之也及祭帥其屬而守其厲禁而蹕之鄭司農云遮列禁人不得令入○蹕音畢遮章奢反令力呈反疏注鄭司至令入○釋曰其屬還是胥徒厲是遮列蹕是止行人故云遮列禁人不得令入也

兆中廟之禁令

凡爲壇者四面皆塋域周之

掌兆中廟中之禁令兆壇塋域疏掌兆至禁令○釋曰案小宗伯云兆五帝於四郊已下則四郊之上神兆多矣皆掌不得使人干犯神位七廟亦然故云掌其禁令也○注兆壇塋域○釋曰凡爲壇者四面皆塋域麋之若宮牆然故云兆壇塋域也

肆師

建[redacted]築

千文之識

墨子說參卷二六頁、襍守篇末

城爲郭之處也下內爲城，城外爲郭，郭外爲之土圍，地高則爲之下，則隍之，今名金城，樹以刺棘上相積著其處以爲圍也

古之城有水竇

左襄廿六有大雨自其竇入

陴丨俾倪丨堞丨短墻丨短垣丨女墻丨女垣

傳十二年春楚子圍鄭旬有七日鄭人卜行成不吉卜臨于大宮臨哭也大宮鄭祖廟○臨力鴆反下注同大宮音泰注同[疏]注臨哭至祖廟○正義曰案雜記客致含賵説請臨襄十二年傳吳子壽夢卒臨于周廟故云臨哭也宮即廟也象其尊貌則謂之為廟言其牆屋則稱之為宮大宮宮之大者鄭祖廟者謂鄭大祖之廟也且巷出車吉出車於巷示將見遷不得安居國人大臨守陴者皆哭陴城上俾倪皆哭所以告楚窮也○陴婢支反徐扶移反俾普計反倪五計反[疏]注陴城上俾倪○正義曰陴城上小牆俾倪者看視之名襄六年晏弱圍萊堙之環城傅於堞注云堞女牆也又二十五年吳子門于巢巢牛臣隱於短牆以射之二十七年盧蒲嫳攻崔氏崔氏堞其宮而守之注云堞短垣也陴堞俾倪短牆短垣女牆皆一物也說文云堞城上女垣也廣雅云陴倪女牆也釋名云城上垣曰陴於其孔中俾倪非常亦言陴益也助城之高也或曰女牆言其卑小比之於城如女子之於丈夫也楚子退師鄭人脩城進復圍之三月克

十三經注疏　春秋左傳二十三　宣公十二年　十二

宣十二

宣十二

築建[redacted]

蕢成

〇三月晉人執宋仲幾。于京師仲幾之罪何据言于京師成伯討辭知有罪。幾本或作譏疏仲幾之罪何。解云上言晉人似非伯討言于京師是伯討之文與奪未明故難之不蕢城也若今以草衣城是也禮諸侯爲天子治城各有分丈尺宋仲幾不治所主。不蕢索戈反一或作蕢一或音勑卷反衣于旣反爲天于僞反下善爲同疏不蕢城也。解云謂不以蕢苫城也公羊之義以爲昭三十二年城成周者旣是城訖故於此處責其不蕢而已不似左氏方始欲城耳。注蕢若今以草衣城是也衣讀如衣輕裘之衣。注禮諸至主者。解云正以宋人不治所主者晉人執而歸之于京師得爲伯討之文故知禮有分丈尺之法不謂更存禮文其

以

宋元

建城郭築

「郭者何恢郭也」

說文十五 注 恢大也 郭城外大郭

宮室

承霤丨以木為之用以水

亦有柳車亦有承霤

所受而變服若三月之親至三月數滿應除者養竟○池視重霤如堂之有承霤也承霤以木為之用行水亦宮之飾
各自除不待主人卒哭之變故云各以其服除也○池視重霤也柳宮象也以竹為池衣以青布縣銅魚焉今宮中
有承霤云以銅為之○疏池視重霤○正義曰池者柳車之池也重霤者屋承霤也以木為之承於屋霤入此木中又
重直容反衣於既反　從木中而霤於地故謂此木為重霤也天子則四注四面為重霤諸侯四注重霤則差降去
後餘三大夫唯餘前後二士則唯一在前而生時既屋有重霤以行水死時柳車亦象宮室而在車覆鼈
甲之下牆帷之上織竹為之形如籠衣以青布以承鼈甲名之為池以象重霤方面之數各視生時重霤

檐之上

長城

詩箋「築城於界要多處，築壘上以備戎狄之地」

築之於康中年……以衛此國之地

閱證之兩證

秦以前長城之證也

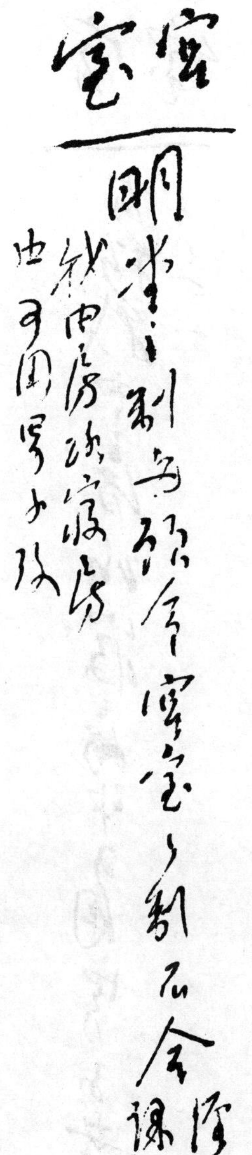

宮室

右於我史之涉經濟之所中不周學者所自題 陞記於

之一

宫室

青埔寓[illegible][illegible]诗友庄郭[illegible]

宮—
室—

一 禁御如丨乎窮

敔 說文攴部 詩傳注

宫室

宮室

駁戴氏階閒中庭說

頁書眉異文辭

隱義一

宮室

設房之處

實事求是之經義

天子爲備而立三辨

宦寺

门古右叢癸巳類稿 三

宫室
鄉射

宮室

大城不可以不完，郭周不可以外通，里域不可以橫通，閭閈不可以毋闔，宮垣關閉不可以不脩。故大城不完，則亂賊之人謀；郭周外通，則姦遁踰越者作；里域橫通，則攘奪竊盜者不止；閭閈無闔，外內交通，則男女無別；宮垣不備，關閉不固，雖有良貨不能守也。

大城　郭　里域　閭閈　宮垣

此管子八觀篇首節　夫國城大而田野淺狹　[illegible]　城域大而人民寡　[illegible]　宮營大而室屋寡　[illegible]

[illegible]

宮室

門中央曰中霤

以彖大日注

年秦攻魏趙救之石阿【正義】蓋在石隰州界也十二年秦攻魏少梁【正義】少梁故城在同州韓城縣南二十二里古少梁國也趙救之十三年秦獻公使庶長國伐魏少梁虜其太子痤魏敗我澮取皮牢【集解】徐廣曰魏年表曰取趙皮牢【正義】括地志云澮水縣在絳州翼城縣東南二十五里按皮牢當在澮之側成侯與韓昭侯遇上黨十四年與韓攻秦十五年助魏攻齊十六年與韓魏分晉封晉君以端氏【集解】徐廣曰在平陽【正義】端氏澤州縣也十七年成侯與魏惠王遇葛孽【集解】徐廣曰在馬丘年表曰十八年趙孟如齊十九年與齊宋會平陸【正義】兗州縣也平陸城即古厥國也與燕會阿【正義】括地志云故葛城一名依城又名西阿城在瀛州高陽縣西北五十里以徐兗二水並邊其西又徑其北曲曰阿以齊有東阿故曰西阿城地理志云瀛州屬河間趙分也按燕趙即此地二十年魏獻榮椽因以爲檀臺【集解】徐廣曰襄國縣有檀臺【索隱】劉氏云榮椽蓋地名其中有高處可以爲臺非也按榮椽是良材可爲椽斲飾有光榮所以魏獻之故趙因用之以爲檀臺【正義】鄭玄云榮屋翼也說文云榱椽也屋梠之兩頭起者爲榮也括地志云檀臺在洺州臨洺縣北二里二十一年魏圍我邯鄲二十二年魏

建築稿

印本待訂　中加但隔　或作楷書可

優旃者秦倡侏儒也善爲笑言然合於大道秦始皇時置酒而天雨陛楯者皆沾寒優旃見而哀之謂之曰汝欲休乎陛楯者皆曰幸甚優旃曰我卽呼汝汝疾應曰諾居有頃殿上上壽呼萬歲優旃臨檻【正義】胡覽反大呼曰陛楯郎郎曰諾優旃曰汝雖長何益幸雨立我雖短也幸休居於是始皇使陛楯者得半相代始皇嘗議欲大苑囿東至函谷關西至雍陳倉【正義】今岐州雍縣及陳倉縣也優旃曰善多縱禽獸於其中寇從東方來令麋鹿觸之足矣始皇以故輟止二世立又欲漆其城優旃曰善主上雖無言臣固將請之漆城雖於百姓愁費然佳哉漆城蕩蕩寇來不能上卽欲就之易爲漆耳顧難爲蔭室於是二世笑之以其故止居無何二世殺死優旃歸漢數年而卒

若非飲食之客則布席

席間函丈。謂講問之客也函猶容也講問宜相對容丈足以指畫也飲食之客布席於牖前丈或爲杖○函胡南反丈如字丈尺之丈王肅作杖畫胡麥反牖羊九反○主人跪正席。雖來講問猶以客禮待之異於弟子客跪撫席而辭。撫之者答主人之親正客徹重席主人固辭。徹去也去重席謙也再辭曰固○重直龍反注同再辭曰固一本作曰固辭客踐席乃坐。客安主人乃敢安也講問宜坐主人不問客不先舉。客自外來宜問其安否無恙及所爲來故○恙羊尚反爾雅云憂也爲于僞反下同將即席容毋怍。怍顏色變也○怍才洛反慙也○兩手摳衣去齊尺。齊謂裳下緝也○齊音咨注同本又作齋緝七立反衣毋撥。撥發揚貌○撥半末反發揚足毋蹶。蹶行遽貌○蹶本又作蹷居衛反又求月反行急遽貌遽其據反

疏 若非至毋蹶○正義曰此一節明客主之禮儀云若非飲食之客者飲食之客謂來共飲食者非飲食客謂來講問者布席謂舒之令相對若飲食之客不須相對若講問之客布席相對須講說指畫使相見也○席間函丈者函容也既來講說則所布兩席中間相去使容一丈之地足以指畫也文王世子云侍坐於大司成遠近間三席席之制三尺三寸三分寸之一則三席是一丈故鄭云容丈也○注講問至爲杖○正義曰凡飲食燕饗則賓位在室外牖前列筵南嚮不得布席相對相對者雖講說之客耳不在牖前或在於室云丈或爲杖者王肅以爲杖言古人講說用杖指畫故使容杖也然二家可會

[illegible]

席南鄉北鄉以西方爲上東鄉西鄉以南方爲上

此據平常布席言也若禮席則不然[illegible]

[illegible]

足亦陰也臥故問足欲何所趾也皆從尊者所安也。注衽臥席也。正義曰案昏禮同牢禮畢將臥云御衽於奧媵衽良席有枕北趾此是衽爲臥席也。席南鄉北鄉以西方爲上者謂東西設席南鄉北鄉則以西方爲上頭也所以然者凡坐隨於陰陽若坐在陽則貴左坐在陰則貴右南坐是陽其左在西北坐是陰其右亦在西也俱以西方爲上。東鄉西鄉以南方爲上者謂南北設席皆以南方爲上者坐在東方西鄉是在陽以南方爲上坐若在西方東鄉是在陰亦以南方爲上亦是坐在陽則上左坐在陰則上右此據平常布席如此若禮席則不然案鄉飲酒禮注云賓席牖前南面主人席阼階上西面介席西階上東面與此不同是也

其謗己箝緘也箝與鉗同晉灼曰許愼云箝籥也師古曰晉說是也謂箝籥其口不聽妄言也即所謂禁耦語者也箝音某占反籥音躍內鋤雄俊外攘胡粤師古曰攘卻也粤古越字用壹威權爲
萬世安師古曰令威權壹歸於己然十餘年間猛敵橫發乎不虞師古曰虞度也意所不度謂之不虞適戍彊於五伯師古曰適讀曰謫謫戍謂陳勝吳廣也伯讀曰霸五霸謂
昆吾大彭豕韋齊桓晉文也適音陟厄反閭閻偪於戎狄應劭曰周禮二十五家爲閭閻音[illegible]閻外[illegible]謂之戎狄也閭閻民陳勝之屬言其逼秦甚於戎狄也師古曰閭里門也閻里中門也陳勝吳廣本起閭
左之戍故總言閭閻應說非也閻左解在陳勝傳偪音逼嚮應憯於謗議服虔曰憯音慘應劭曰秦法誹謗者族今陳勝奮臂大呼天下莫不嚮應嚮應之害更憯烈於所謗議也師古曰嚮音響嚮應者如響之應聲
憯痛也服音是也奮臂威於甲兵鄉秦之禁適所以資豪桀而速自斃也師古曰鄉讀曰嚮嚮謂曩時也秦禁謂墮城銷刃箝語燒書之屬是也是以漢亡尺土
之階繇一劍之任師古曰任用也事也五載而成帝業書傳所記未嘗有焉何則古世相革皆承聖王之烈師古曰革變也烈謂餘烈也今
漢獨收孤秦之弊鐫金石者難爲功摧枯朽者易爲力師古曰鐫琢石也音子全反其埶然也故據漢受命譜十八王月而列之
天下一統迺以年數應劭曰譜音補項羽爲西楚霸王爲天下主命立十八王王高祖於蜀漢漢元年諸王畢封各就國始受命之元故以冠表焉張晏曰時天下未定參錯變易不可以年紀故列其月五年誅
籍乃以年紀焉訖于孝文異姓盡矣

乾隆四年校刊　前漢書卷十三　表　二

宫室

司馬門

史記項羽本紀使長史欣請事到咸陽留司馬門

宮室

昭二十

○宋元公無信多私而惡華向華定華亥與向寧謀曰亡愈於死先諸（恐元公殺己欲先作亂○惡音惡路反）華亥僞有疾以誘羣公子公子問之則執之夏六月丙申殺公子寅公子御戎公子朱公子固公孫援公孫丁拘向勝向行於其廩（六子皆公黨○御魚呂反又如字援于眷反拘九于反廩力甚反）公如華氏請焉弗許遂劫之（劫公）【疏】公如華氏請焉○正義曰公未知諸人已死故猶往請之癸卯取大子欒與母弟辰公子地以爲質（欒景公也辰及地皆元公弟○欒力官反質音致下同辰及地皆元公弟案公子辰是景公之母弟地是辰兄皆當爲元公之子今注皆作元公弟誤耳）【疏】注欒景至公弟○正義曰定十年經書宋公之弟辰當景公之世辰及弟不得爲元公弟也世族譜辰地皆云元公子此諸本皆云元公弟當時轉寫誤耳公亦取華亥之子無慼向寧之子羅華定之子啓與華氏盟以爲質（爲此冬華向出奔傳○慼千歷反）

邦門 城門

至于邦門公使宰夫贈玄纁束邦門城門也贈送也疏至于至纁束○注邦門至送也○釋曰云邦門者案檀弓云葬于北方北首三代之達禮也此邦門者國城北門也贈用玄纁束帛者即是至壙窆訖主人贈死者用玄纁束帛也以其君物所重故用之送終也主人去杖不哭由左聽命賓由右致命柩車前輈之左右也當時止柩車

宮室（地理）

衛侯夢于北宮見人登昆吾之觀衛有觀在於昆吾氏之虛今濮陽城中。觀音工喚反注同虛去魚反下文同濮音卜被髮北面而譟曰登此昆吾之虛緜緜生之瓜緜緜瓜初生也良夫善已有以卜成大之功若瓜之初生謂使衛侯得國。被皮義反瓜古華反

疏衛侯至而譟。正義曰北宮衛侯之別宮於是衛侯在南宮夢裹身在北宮見人登昆吾之觀被髮北面而譟北宮在昆吾觀北故此人北面向君而叫譟也

余為渾良夫叫天無辜本盟當免三死而并數一時之事為三罪殺之故自謂無辜。并必政反數所主反公親筮之胥彌赦占之胥彌赦衛筮史曰不害與之邑寘之而逃奔宋言衛侯無道卜人不敢以實對懼難而逃也。難乃旦反下文而難作同

室　堂

漢時殿屋四向流水

大夫士東榮兩下屋

設洗篚于

阼階東南當東霤罍水在東篚在洗西南肆設膳篚在其北西面設此不言其官賤也當東霤者人君爲殿屋也亦南北以堂深肆陳也膳篚者君象觚所饌也亦南陳言西面尊之異其文

疏設洗至西面○注設此至其文○釋曰云設此不言其官賤也者決膳宰具官饌樂人縣司宮設尊皆言其官獨此不言官故知賤也案少牢司宮設罍水大夫兼官此國君禮或可別人爲之但無文故鄭不細辨云當東霤者人君爲殿屋也者漢時殿屋四向流水故舉漢以況周言東霤明亦有西霤對大夫士言東榮兩下屋故也云亦南北以堂深者亦士冠禮鄉飲酒等也云膳篚者君象觚所饌也者案下文洗象觚升實之東北面獻于公是也但尊君不可與臣同篚故別釋之也云亦南陳者亦陳之南肆者也言西面尊之異其文者欲見膳篚西面南肆者亦西面此不可言南肆而言西面是尊君之篚故異其文也

鄉燕礼（一義亦十四）

其敷之而已天子諸侯左右房以其言東房對房若大夫士直有東房而已故直云在房也

宰夫筵出自東房筵本在房宰夫敷之也天子諸侯左右房

疏宰夫[illegible]釋曰上[illegible]房。注筵本至右房。宮具几筵具之在房。

〇傳西至鄉戶。正義曰傳不言此爲路寢之

則此據天子之宮其室非一在北者南戶在東者西戶耳推此有東[illegible]戶北[illegible]戶[illegible]孫毓云猶南東其畝。箋此至戶。

義曰以上爲立廟故此爲居室然似續妣祖之言文中不容路寢則築室百堵路寢[illegible]宜在焉獨言此築室謂築燕寢

[illegible]路寢作與燕寢同時而制與宗廟相類此西南其戶非路寢之制故特言燕寢其路寢[illegible]雖不載亦作之可知言天子

寢有左右房者以天子之燕寢[illegible]諸侯之路寢[illegible]諸侯之制也[illegible]室又士喪禮小斂[illegible]髽於室而喪大記諸侯之

云小斂婦人髽帶麻於房中以士喪男子括髮在房婦人髽於室无西房故也士喪禮婦[illegible]室在男子之西則諸

之禮婦人髽於房亦在男子之西是有西房矣有西房自然有東房是諸侯路寢有左右房也天子路寢既制如明堂

然[illegible]制當如諸侯路寢故知天子之燕寢有左右房也既有左右則室當在中故西其戶者異於一房之室戶也

大夫以下無西房唯有一東房故室戶偏東與房相近此戶正中比之爲西其戶矣知大夫以下止一房者以鄉飲酒義

云尊於房戶之間賓主共之由無西房故以房與室戶之間爲中也但大夫禮直言房不言東西明是房無[illegible]

然[illegible]特牲云豆籩鉶在東房者鄭注云謂房中之東當夾北非對西房也鄉[illegible]云[illegible]出自[illegible]出自東房者

以[illegible]人以房居東在[illegible]之[illegible]非[illegible]義[illegible]也[illegible]宗廟[illegible]路寢制如明堂每室四戶是燕寢之室獨一南

戶[illegible]也知宗廟及路寢制如明堂者明堂位曰太廟天子明堂又月令說明堂而季夏云天子居明堂太廟

以明堂制與廟同故以太廟同名其中室是宗廟制如明堂也又宗廟象生時之居室是似路寢矣故路寢亦制如明堂

也又匠人云夏后氏世室殷人重屋周人明堂注云世室宗廟也重屋者王宮正室若大寢也明堂者明政教之堂也此

三者不同而三代各舉其一是欲互以相通故鄭云此三者或舉宗廟或舉王寢或舉明堂互言之以明其同制是宗廟

及路寢制如明堂也彼三者並陳此言如明堂者以周制舉明堂爲文故以宗廟及路寢制如之也彼文說世室曰五室

四傍兩夾窻注云窻助戶爲明也每室四戶八窻以言四傍是四方傍開又云兩夾窻是一戶兩窻夾之以此知每室四

戶也宣王都在鎬京此考室當是西都宮室顧命說成王崩陳器物於路寢云胤之舞衣大貝鼖鼓在西房兌之戈和之

弓垂之竹矢在東房若路寢制如明堂則五室皆在四角與中央而得左右房者鄭志荅趙商云成王崩之時在西都文

王遷豐作靈臺辟廱而已其餘猶諸侯制度故喪禮設衣物之處寢有夾室與東西房也周公攝政致太平制禮作樂乃

立明堂於王城如鄭此言則西都宗廟路寢依先王制不似明堂此言如明堂者鄭志荅張逸云周公制禮土中洛誥王

入大室祼是也顧命成王崩於鎬京承先王宮室耳宣王承亂未必如周公之制以此二荅言之則鄭意以文王未作明

堂其[illegible]寢[illegible]如諸侯制度[illegible]乃周公制禮建國土中以洛邑爲正都其明堂廟寢天子制[illegible]在王城[illegible]之[illegible]其鎬京則[illegible]都耳

先王之宮室尚新周公不復改作故成王之崩有二房之位由承先王之室故耳及厲王之亂宮室[illegible]壞先王作者無復

可[illegible]宣王[illegible]更修造自然依天子之法不復作諸侯之制故知宣王雖在西都其宗廟路寢皆制如明堂不復如諸侯也

若然明堂周公所制武王時未有也樂記說武王祀乎明堂者彼注云文王之廟爲明堂制知者以武王既伐紂爲天子

文王又已稱王武王不得以諸侯之制爲父廟故知爲明堂制也。箋於是至安樂。正義曰居處義同以寢非一故言

之耳此文雖承燕寢之下理亦兼有路寢周禮注云王路寢一小寢五下云后六宮此文亦可兼之故云諸寢之中皆可

三公中階之前北面東上諸侯之位阼階之東西面北上諸伯之國西階之西東面北上諸子之國門東北面東上諸男之國門西北面東上九夷之國東門之外西面北上八蠻之國南門之外北面東上六戎之國西門之外東面南上五狄之國北門之外南面東上九采之國應門之外北面東上四塞世告至此周公明堂之位也朝之禮不於此周公權用之也朝位之上上近主位尊也九采九州之牧典貢職者也正門謂之應門二伯帥諸侯而入牧居外而糾察之也四塞謂夷服鎮服蕃服在四方為蔽塞者新君即位則乃朝周禮侯服歲一見甸服二歲一見男服三歲一見采服四歲一見衛服五歲一見要服六歲一見九州之外謂之蕃國世一見○采七在反塞先代反注同又先則反此周公明堂之位也本或無周公之字近附近之近潘本又作蕃方元反下同壹見壹又作一下賢遍反下同要一遥反疏昔者至位也○正義曰此下節明周公朝諸侯於明堂之儀及諸侯夷狄所立之處各依文解之○注周

九采之國應門之外北面東上皇氏云在應門外之西此是九州之牧謂之采者以采取當州美物而貢天子故王制云千里之外曰采注云取其美物以當穀稅采亦是事言各掌其當州諸侯之事鄭此注云牧居外而糾察之是也○四塞世告至者此謂九州之外夷鎮蕃三服夷狄為四方蕃塞每世一來朝告至或新王即位而來朝或已君初即位故云世告至也○注朝位至一見○正義曰上近主位尊也者三公則東上侯尊於伯故在東子尊於男亦在東是上近主位尊也云正門謂之應門者以明堂更無重門非路門外之應門以爾雅釋宮云正門謂之應門李巡云宮中南嚮大門應門也應是當也以當朝正門故謂之應門但天子宮内有路寢故應門之内有路門明堂既無路寢故無路門及以外諸門但有應門耳云二伯帥諸侯而入者按顧命畢公率東方諸侯入應門右召公率西方諸侯入應門左是也云牧居外而糾察之也者伯既領之入應門故牧居應門外糾察諸侯後入不如儀者引周禮侯服歲一見以下是大行人文也引之者證夷狄世一見則經之四塞世告至是也其夷狄之名此云九夷八蠻六戎五狄按職方云四夷八蠻七閩九貉五戎六狄爾雅釋地文云九夷八狄七戎六蠻謂之四海不同者爾雅釋地所云謂殷代此明堂周公朝諸侯及職方並謂周禮但戎狄之數五六不同故鄭志趙商問曰職方掌四夷八蠻七閩九貉五戎六狄之數注云周之所服國數明堂云朝位服事之國數夷九蠻八戎六狄五禮文事異不達其數故鄭荅云職方四夷謂四方夷狄也九貉即九夷在東方八蠻在南方閩其別也戎狄之數或六或五兩文異爾雅雖有與同皆數爾無別國之名不甚明故不定也如鄭此言夷狄之名既無別國顯其名數或六或五不可知也

鄭荅云無別
國之名者蓋謂
其數之不足信
也矣

宫室（括學）

楚弗許。狐父晉大夫。狐音胡。〇單子會韓宣子于戚，單子，單成公。視下言徐。叔向曰：單子其將死乎！朝有著定，著定朝內列位常處謂之表著。著，張慮反，徐治居反，注及下同。處，昌慮反。疏注著定至表著。正義曰：著定謂佇立定處，故謂朝內列位常處也。周禮司士正朝儀之位，辨其貴賤之等，王南鄉，三公北面東上，孤東面北上，卿大夫西面北上，王族故士、虎士在路門之右，南面東上，大僕、大右、大僕從者在路門之左，南面西上。鄭玄云：此王日視朝事於路門外之位。此是朝上之位，貴賤有定處也。會有表，亦是位之定處，但著下言定，則表亦是定，故直言會有表耳。俗本表下有旗識也。野會設表為位，亦當有物記識，如今之位版也。謂之表著者，杜意當以下文表著之位謂此也。劉炫謂下文有著有表，二文不同，以著定為朝有著，不得謂之表著，而規杜氏。今知非者，杜意當以下文會朝之言必聞於表著，故於朝有著之文，并採下文會有表以配著，故云謂之表著，所以覆結下文，非謂著之一字即名表著也。劉炫不達杜旨而為規過，非也。會有表，野會設表以為位。疏注野會至為位。正義曰：禮，諸侯建旂識旂以為表也。周禮司儀云：將合諸侯，則令為壇三成，宮旁一門。覲禮云：諸侯覲于天子，為宮方三百步，四門，壇十有二尋，深四尺。上介皆奉其君之旂置于宮，尚左，公、侯、伯、子、男皆就其旂而立。鄭玄云：置于宮者，建之，豫為其君見王之位也。諸公中階之前，北面東上；諸侯東階之東，西面北上；諸伯西階之西，東面北上；諸子門東，北面東上；諸男門西，北面東上。尚左者，建旂公東上，侯先伯，伯先子，子先男，而位皆上東方也。諸侯入壝門，或左或右，各就其旂而立。王降階，南鄉見之。是天子於野會諸侯，設表以為位也。周禮大司馬中冬教大閱，群立四表，是以設表為位也。盟主之會諸侯，必亦旂表位；大夫聚會，亦應有以表位，但無文以言耳。衣有禬，帶有結。禬，領會；結，帶結也。禬，古外反。說文云：帶所結也。會朝之言必聞于表著之位，所以昭事序也。視不過結禬之中，所以道容貌也。言以命之，容貌以明之，失則有闕。今單子為王官伯，而命事於會，視不登帶，言不過步，貌不道容，而言不昭矣。不道，不共；不昭，不從。貌正曰共，言順曰從。道音導，下同。疏言不過步。正義曰：言聲所聞不過一步。注貌正曰從。正義曰：洪範五事，貌曰恭，言曰從。其意云：容貌當恭恪，言是則可從，是貌正曰共，言順曰從。無守氣矣。為此年冬單子卒起本。疏無守氣。正義曰：言無守身之氣，將必死。

帖十一

宮正掌王宮之戒令糾禁糾猶割也察也【疏】注糾猶至察也○釋曰案下經王宮中有官府故掌王宮之戒令之事有過失者已發則糾而割察之其未發則禁之也以時比宮中之官府次舍之衆寡時四時比按次其人之在否官府之在宮中者若膳夫玉府內宰內史之屬次諸吏直宿若今部署諸廬者舍其所居寺○比徐方履反一音毗志反注下並同宿戚如字劉息就反下同【疏】以時至衆寡○釋曰以四時按比宮中見在王宮中者之官府及宿衛者次舍之衆寡也○注時四至居寺○釋曰此時是尋常事故爲四時解之案地官鄉師云以歲時巡國及野而賙萬民之囏阨鄭彼注時隨其事之時不爲四時解者彼據囏阨非常故爲隨其事之時不得爲四時也云官府之在宮中者若膳夫玉府等者以其言在宮中之官府是執掌重事美物及飲食乃得在王宮故知是此人等云次諸吏直宿若今時部署諸廬者此次謂若匠人云外有九室九卿治之即詩云適子之館兮鄭云卿士所之之館在天子之宮中如今部署諸廬彼二者與此次爲一物此據宮中之官府下宮伯云授八次八舍鄭注衛王宮者彼據宮中官府子弟云舍其所居寺者寺即舍也是官府退息之處爲之版以待鄭司農云爲官府次舍之版圖也待待比也玄謂版其人之名籍待待戒令及比【疏】爲之版以待○釋曰版謂宿衛人名籍爲宮正執籍校比之也○注鄭司農至及比○釋曰先鄭以版爲官府次舍之版圖者先鄭於八成注云版名籍圖地圖此注連言圖其版即名籍與後鄭義同後鄭以爲八名籍者增成先鄭義也夕擊柝而比之夕莫也莫行夜以比直宿者爲其有解惰離部署鄭司農云柝戒守者所擊也易曰重門擊柝以待暴客春秋傳曰魯擊柝聞於邾○柝吐各反莫音暮本亦作暮行下孟反爲于僞反下注皆同解佳賣反惰徒帥反離力智反重直龍反聞音問又如字【疏】夕擊柝而比之釋曰既得名籍至夕暮擊柝校比之恐其解惰也○注夕莫至於邾○釋曰後鄭云莫行夜以比直宿者謂直宿即坐持更之人則行夜者擊柝校比直宿人故先鄭云柝戒守者所擊也易曰者是易繫辭文彼又云蓋取諸豫鄭玄注云豫坤下震上九四體震又互體有艮艮爲門震日所出亦爲門重門象艮又爲手巽爻也應在四皆木也手持二木也手持二木以相敲是爲擊柝擊柝爲守備警戒也四又互體爲坎坎爲盜五離爻爲甲冑戈兵盜謂持兵是暴客也又以其卦爲豫有守備則不可自逸是也云春秋傳曰者左氏哀七年秋魯伐邾茅成子請告于吳不許曰魯擊柝聞於邾吳二千里不三月不至何及於我引之證擊柝之義也國有故則令宿其比亦如之鄭司農云故謂禍災令宿宿衛王宮春秋傳曰忘守必危況有災乎玄謂故凡非常也文王世子曰公有出疆之政庶子以公族之無事者守於公宮正室守大廟諸父守貴宮貴室諸子諸孫守下宮下室此謂諸侯也王之庶子職掌國子之倅國有大事則帥國子而致於大子唯所用之者令宿之事蓋亦存焉○守手又反又音手彊居良反倅七內反【疏】國有至如之○釋曰有故有災禍及王時出行不在皆是也云則令宿其比亦如之者亦如比夕擊柝已上之事與平常同也○注

鄭司至存焉。釋曰先鄭引春秋傳者左氏昭十八年夏五月宋衛陳鄭災子產授兵登陴子大叔曰晉無乃討乎子產曰小國忘守則危況有災乎彼爲則先鄭云必讀字不同也玄謂故凡非常也文王世子曰公有出疆之政者謂出朝覲也云庶子以公族之無事者守於公宮者此言與下爲目庶子謂諸侯庶子之官掌卿大夫士之適子并掌公家之事云正室守大廟者謂公族之內適子名爲正室使守大廟大廟尊故也云諸父守貴宮貴室者謂同族諸爲父行者貴宮貴室同爲路寢路寢對大廟生人之尊也云諸子諸孫者亦謂同族之內諸爲子行孫行者也云守下宮下室者下宮謂親廟四下室謂燕寢也云此謂諸侯也者謂文王世子文是諸侯法也云王之庶子職掌國子之倅已下者是夏官諸子職文云庶子者諸庶一也於諸侯即爲庶子於天子則爲諸子令因諸侯言庶子其實夏官所云是諸子職也彼鄭注倅謂副倅之倅國子謂諸侯卿大夫士之子者云國有大事則帥國子而致於太子唯所用之者彼云大事寇戎之事卿大夫士之子屬太子故唯太子所使用也彼是甲兵不云宿衛故鄭云令宿之事蓋亦存焉存焉者宿衛之事亦在唯所用中引之言欲見國有故中有王出疆巡守征伐皆須令宿增成先鄭義也

辨外內而時禁　鄭司農云分別外人內人禁其非時出入。別彼列反　疏　辨外內而時禁。釋曰先鄭云分別外人內人禁其非時出入者謂住在王宮中有卿大夫士等外人謂男子內人謂婦女皆是也此男女自相對爲外人內人其內人非謂宰職所云內人是刑女在宮中者也

稽其功緒糾其德行　稽猶考也計也功吏職也緒其志業。行下孟反　疏　稽其至德行。釋曰緒業也宮正考計其宮中卿大夫士功狀及職業多少糾察其在身爲德施之爲行二者也

幾其出入均其稍食　鄭司農云幾其出入若今時宮中有罪禁止不能出亦不得入及無引籍不得入宮司馬殿門也玄謂幾荷其衣服持操及疏數者稍食祿稟。荷呼可反又音何操七曹反數音朔稟彼錦反　疏　注鄭司至祿稟。釋曰先鄭引令時者謂漢法言引籍者有門籍及引人皆得出入也又云司馬殿門者漢宮殿門每門皆使司馬一人守門比千石皆號司馬殿門也玄謂幾荷其衣服持操及疏數者案閽人云喪服凶器不入宮潛服賊器不入宮奇服怪民不入宮殿門云幾出入不物者謂衣服視占不與衆同及所操物不如品式者職雖不同皆是守禁此經直云幾其出入明知漢有此呵其衣服持操及疏數此增成司農義也云稍食祿稟者稍則稍稍與之則月俸是也則下士食九人中士倍下士上士倍中士大夫倍上士之類其祿與之米稟故云祿稟也

去其淫怠與其奇衺之民　民宮中吏之家人也淫放濫也怠解慢也奇衺譎觚非常。去起呂反奇音羈徐去宜反衺似嗟反亦作邪譎古穴反觚音孤　疏　注民宮至非常。釋曰此一經並是吏之民云淫放濫也怠解慢也爲此惡行也云民宮中吏之家人也者吏即宅在宮中卿大夫士其家人爲此惡行也者使之不得即是去也此民謂若秋官隸民之類云奇衺譎觚非常者奇衺有譎觚之人謂譎詐桀出觚角非常也

會其什伍而教之道義　五人爲伍二伍爲什會之者使之輩作輩學相勸帥且寄宿衛之令鄭司農云道謂先王所以教道民者藝謂禮樂射御書數。會如字注同教道徒報反下道導同　疏　注五人至書數。釋曰宮正掌宮中卿大夫士亦兼掌子弟會謂會合其宮中子弟使之以五人爲伍二伍爲什必會合之者欲使之宿衛時語言相體服容相識是其輩作也及其學問又相親及切磋琢磨是其輩學捴是相勸帥也云且寄宿衛之令者管子云因內政寄軍令在家時五家爲比在軍還五人爲伍之類此亦五人爲伍二伍爲什使之輩學似若在家也因使之宿衛以寄軍令也先鄭云道謂先王所以教道民者謂若保氏云掌養國子以道而教之六藝道則師氏三德三行也藝謂禮樂射御書數亦保氏職文也

月終則會其稍食歲終則會其行事　行事吏職也　疏　月終至行事。釋曰稍食謂宮中官府等月祿故至月終會計之歲終則會計行事吏職當考知功過也

凡邦之大事令于

王宮之官府次舍無去守而聽政令使居其處待所爲疏凡邦至政令。釋曰邦有大事謂國之大事在祀與戎則令于王宮之官府次舍無去守謂使之皆在次舍不得去部所守而聽待政令須有所爲

春秋以木鐸脩火禁火星以春出以秋入因天時而以戒疏春秋至火禁。釋曰春謂季春秋謂季秋二時火星出入之時以木鐸警衆使脩火禁也。注火星至以戒。釋曰火星則心星也公羊謂之大辰服注春秋云火出於夏爲三月於商爲四月於周爲五月故云以春出也季秋昏時伏於戌火星入故云以秋入云因天時而以戒者此火謂陶冶鑄銅之火因天出火民則爲之因天入火民則止之故云因天時戒之也此施火謂宮正於宮中特宜慎火故脩火禁夏官司爟云掌行火之政令四時變國火以救時疾下又云時則施火令爲焚萊之時故脩火禁也秋官司烜云中春以木鐸脩火禁于國中注云爲季春將出火也火禁謂用火之處及備風燥是二月預脩之三月重掌事各有所爲不相妨也

凡邦之事蹕宮中廟中則執燭鄭司農讀火絕之云禁凡邦之事蹕國有事王當出則宮正主禁絕行者若今時衛士填街蹕也宮中廟中則執燭宮正主爲王於宮中廟中執燭玄謂事祭事也邦之祭社稷七祀於宮中祭先公先王於廟中隸僕掌蹕止行者宮正則執燭以爲明春秋傳曰有大事於大廟又曰有事於武宮。蹕音畢徐又音庳讀戚如字徐音豆填音田街音佳疏凡邦至執燭。釋曰凡邦之事謂祭祀之事王當出入來往時隸僕與王蹕止行人於宮中及廟中也王出向二處當侵晨而行爾時則宮正爲王執燭爲明也。注鄭司至武宮。釋曰先鄭讀火絕之則火字向上爲句也其禁自與凡邦之事蹕共爲一句宮正既不掌蹕事若如先鄭所讀則似宮正爲王蹕非也云宮中廟中則執燭者若不以邦之事與此宮中爲一事則宮中廟中何爲事而遣宮正執燭乎亦非也又云若今時衛士填街蹕也者漢儀大駕行幸使衛士填塞街巷以止行人備非常也玄謂事祭事也者謂在宮中廟中二處皆有祭事也云邦之祭社稷七祀於宮中者小宗伯云左宗廟右社稷在宮中中門之外也依祭法王爲羣姓立七祀曰司命曰中霤曰國行曰國門曰泰厲曰戶曰竈案司門云凡歲時之門受其餘則此七祀等是爲羣姓所立者不在宮中也祭法又云王自爲立七祀者此則禱祀在宮中者也云春秋傳曰有大事于大廟者左氏文二年秋八月丁卯大事于大廟是也云又曰有事于武宮者昭十五年春二月癸酉有事于武宮鄭引此者欲見隸僕蹕于宮中亦得兼廟中故公羊云魯公稱世室羣公稱宮則天子之廟亦有宮稱也

大喪則授廬舍辨其親疏貴賤之居廬倚廬也舍堊室也親者貴者居倚廬疏者賤者居堊室雜記曰大夫居廬士居堊室。倚於綺反疏大喪至之居。釋曰大喪謂王喪臣子皆爲之斬衰則同廬舍所居則異也云授廬舍者摠諸臣而辨其親疏貴賤之居異也。注廬倚至堊室。釋曰廬倚廬也者謂於路門之外東壁倚木爲廬云舍堊室也者舍對廬故爲堊室堊室者兩下爲之與廬異故名堊室也云親者貴者居倚廬者親謂大功以上貴謂大夫以上者居倚廬云疏者賤者居堊室者疏謂小功緦麻賤謂士二者居堊室知義如此者以其經云辨其親疏貴賤明當如此解之也又引雜記者彼是諸侯之臣其大夫居廬士居堊室彼注士居堊室亦謂邑宰也朝廷之士亦居廬引之者證貴者居廬賤者居堊室一邊之義耳其實爲諸侯禮不辨親疏貴賤而別其遠近並爲天子之臣也

十三經注疏 周禮二 天官冢宰 七

宮人掌王之六寢之脩

爲其井匽除其不蠲去其惡臭井漏井所以受水潦蠲猶絜也詩云吉蠲爲饎鄭司農云匽路廁也玄謂匽豬謂霤下之池受畜水而流之者○匽於建反徐音偃蠲音圭又古玄反去起呂反饎大志反霤力救反畜勑六反

【疏】爲其至惡臭○釋曰謂於宮中爲漏井以受穢又爲匽豬使四邊流水入焉井匽二者皆所以除其不蠲絜又去其惡臭之物○注井漏至之者○釋曰引詩云吉蠲爲饎案秋官蜡氏云大祭祀令州里除不蠲注云蠲讀如吉圭惟饎之圭圭絜也此云蠲彼注云圭不同者彼並是三家詩故與此不同司農云匽路廁後鄭不從者以其匽字與親匽豬同故不從後鄭以爲霤下之池受畜水乃後流去之

共王之沐浴沐浴所以自絜清○清或才性反本亦作清

【疏】共王之沐浴○釋曰宮人掌絜清之事沐用潘浴用湯亦是自絜清之事

凡寢中之事埽除執燭共鑪炭凡勞事勞事勞褻之事

四方之舍事亦如之從王適四方及會同所舍

【疏】四方至如之○釋曰爲王巡守征伐及會同所舍之處言亦如之者亦如上掌凡勞褻之事

天官

土木

宣亦有始作紀以及而所言新有者也

作為也有加無已也

土木

新作

經二十年春新作南門魯城南門也本名稷門僖公更高大之今猶不與諸門同改名高門也言新以易舊言作以興事皆更造之文也疏注魯城至文也○正義曰魯城南門本名稷門今新作者新脩彼稷門更令高大因改名高門此事非有所據魯人相傳云然今時魯人其言猶如此也新者易舊之意作者興事之辭皆是更造之文也劉賈先儒皆云言新有故木言作有新木故爲此言以異之釋例曰言新意所起言作以興事通謂興起功役之事總而言之不復分別因舊與造新也

傳

新

新作

建築

經二十有九年春新延廄。傳例曰書不時言新者皆舊物不可用更造之辭。廄居又反疏二十九年注傳例至之辭。正義曰馬之所處謂之廄延是廄之名名之曰延其義不可知也公羊傳曰新延廄者何脩舊也謂舊廄敝壞不可因而補治故言新爲更造之辭也傳言新作延廄而經無作字僖二十年新作南門定二年新作雉門及兩觀皆言新作而此獨無作是作傳之後轉寫闕文也釋例曰言新意所起言作以興事通謂興起功役之事也揔而言之不復分別因舊而興造新也經書延廄稱新而不言作傳言新作延廄書不時也此稱經文而以不時爲譏義不在作也然尋傳足以知經闕作字也而劉賈云言新有故木言作有新木言廄不書作所用之木非公命也凡諸興造固當有新固當有因今爲春秋微義直記別此門此觀有新木故木既已鄙近且材木者立廄之具也公命立廄則衆用皆隨之矣焉有所用之木非公命也此爲匠人受命立廄而盜共其用豈然乎哉

莊廿九

古新作延廄書不時也　注經無作字蓋闕

大士

二十年春新作南門作爲也有加其度也更加使大言新有故也非作也責其改舊制南門者法門也法門謂天子諸侯皆南面而治法令之所出入故謂之法門○夏郚子來朝○郚古報反

傳廿、

[illegible]

周禮：守祧，掌廟祧黝堊。鄭司農云：黝，黑也。堊，白也。郭璞云：黑飾地，白飾牆。證：楹，柱也，天子丹，諸侯黝，堊；大夫倉；士黈徐邈云：黝，黑柱也，堊，白壁也。蓋地與柱宜黑，牆宜白。又按地官掌蜃共白盛之，注：盛，猶成也：謂飾牆使白。（參觀前詳堯舜時代建築）

書，梓材篇：既勤樸斲，惟其塗丹雘。

家語；孔子觀乎明堂，覩四門墉，有堯舜之

顯然為草屋無疑，惟有一問題，頗值研究者，即粉刷牆壁之事。按上二語，乃讚美唐堯儉德之辭，曰不堊者，似為當堊不堊之意，則堊之作興，已不啻於言外見之。再考

淮南子舜作室，築牆，茨屋，令人皆知去巖穴，有家室，此其始也。

周禮匠人營國，夏后氏世室。考工記曰，世室用白盛。按原注云，盛之言成，以蜃灰堊牆，所以飾成宮室。

是則舜時分明築牆，禹時分明粉牆，蜃灰，貝殼類之煅灰，本為石灰質，故色白，其以蜃灰堊壁，一如後世之以石灰粉牆也。禹與堯時，相去未遠，堯時既有宮室不堊之言，則堊壁之風，或在陶唐時已行之歟？

古時堊壁又稱塗墍。考尚書梓材篇有曰，若作室家，既勤垣墉，惟其塗墍茨。按漢書揚雄傳云，獿（乃高反）人亡，則匠石輟斤而不敢妄斲。原注服虔云，獿，古之善塗墍者也，施廣領大袖以仰塗，而領袖不污。師古曰，墍，即今之仰泥也。

梓材雖周書，而漢書所謂獿人，又祇言古之善塗墍者，並未詳其何時人，茲以考究粉牆之原始，故連類敘之。

夏后氏一代，論君德者，莫不曰禹聖而桀紂。然以建築進化史而論，則可斷章取義，以禹為罪人也，桀功魁也。吾為此言，若在君主專制時代，必遭文字之獄。讀者疑吾言乎？請申其說：

前段所引周禮曰：

匠人營國，夏后氏世室。其原註云，堂上為五室，象五行也。木室於東北，火室於東南，金室於西南，水室於西北，土室於中央。余按夏之世室，皆東西廣於南北，木室方三步，（六尺為步）廣益以三尺；土室方四步，廣益以四尺；火金水各室同木室。由此考之，世室之平面圖當如左：

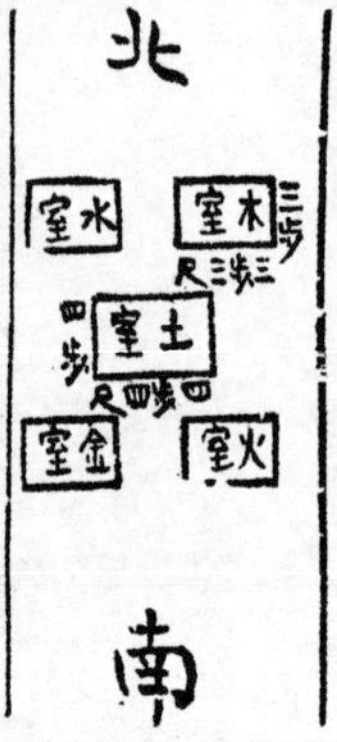

夏之世室，即周之明堂，為天子朝諸侯之所。其在當時，殆為最講究之建築物，而其容積如此之小，構造如此之簡，雖有白蜃灰堊，而土垣茅蓋，則猶依然如故，此孔子所以贊禹儉德曰卑宮室而盡力乎溝洫（論語）

宮室

表貴賤。又可見顏料之發明更早。是建築物上施用采色塗飾之事，雖乏詳確明文可考，然揆度事情所應有，亦可思過半矣。如其不然，豈有以桀之窮奢極侈，明明有塗飾材料而不用，竟將金玉象貝等珍貴之品，裝綴於樑地房屋之理乎？

綜斯言之，桀之宮室，華大新奇，不離驕奢想見。對前古，可謂破天荒；對後世，可謂開紀元；吾故曰桀首功也。

凡事，無先例，不易改觀，既有榜樣，不期而風行。追溯四百年來，鑒於大禹嚴切之誡，橫梗當前，王者建築，且無進步，而況民居？自桀打破此關，銳意改進，不數年間，自發明建築材料，以及提高建築設計，吾知此種華大新奇之建築物，必猶依然存在於成湯之世，而今而後，觀感興起，下逮民間建築，度亦必大受此嶄新標本之影響。所可慨者，桀蒙其惡名，湯享其實福耳！

何言之？吾聞湯放桀矣，未聞焚燬其宮室也，則湯之是否得此遺產，已可惘疑；試以左列第一旁證証之，殆可斷定其是。

史記夏師敗績，湯遂伐三嵕，俘厥寶玉。按原注云，孔安國曰，三嵕，國名，桀走保之。俘，取也。

寶玉尚且俘之，而況傾宮，瑤臺，象廊，瓊室，於革命勝利之後，寧不私心竊幸，如此如家居，吾何修而得之，從此朝朝暮暮，得高坐堂皇於其間乎？再以左列第一旁證証之，乃成鐵案。

綱鑑　時大旱七年，湯以身禱於桑林之野，祝曰，無以予一人之不敏，傷民之命。以六事自責：曰政不節歟？民失職歟？宮室崇歟？女謁盛歟？苞苴行歟？讒夫昌歟？言未已，大雨方數千里。

其中「宮室崇歟」一語，顯為心有不安之辭。故商書仲虺之誥曰：

成湯放桀於南巢，惟有慚德。

此宮此室，蓋即勝朝故物也。否則成湯御世，並未聞大興土木，果欲何為之哉？

商初建築，無多大之新史跡。按考工記曰，商人四阿重屋，營造法式釋陽馬條，引此文而加之註云，四阿，若今四注屋也。說文云，樓，重屋也。又據考工記，知商之重屋，即夏之世室，周之明堂，皆宗廟也。

于此，知商朝之宗廟，為四面出水之樓屋。較夏之世室，又已進步。再考事物紺珠云，承塵施於上，俗名仰塵，伊尹制。通雅云，承塵施於上，承塵土也。據此，又可知天花板之制，創作於伊尹。

宦官

劉門之劉書作牙

說文讀作新劉

宫室

古楗門之制

墨子備城門篇七尺門閭每垂云〻閒詁

宮室

黄族住居

東方20｜4黄族謨譯

宫室

仁兄

拜启九

六弟地为出　蒙赐尊函备悉

世兄前孔之印不暇修恰寸印暇修为保守宝子书

晚因内修暇修户外以宁世年书人暇修叶

钱年内前修为地则主事当晚修谈

橘立云事梅事不绝

趋人顿首　徐绍

○夫爲人子者出必告，反必面。告面同耳反言面者從外來宜知親之顏色安否。○行音下孟反告古毒反。所遊必有常，所習必有業。緣親之意欲知之。恒言不稱老。廣敬年長以倍則父事之。謂年二十於四十者人年二十弱冠成人有爲人父之端今四十於二十者有子道内則曰年二十惇行孝弟。○冠工喚反惇都溫反十年以長則兄事之，五年以長則肩隨之。肩隨者與之並行差退。○差初佳反徐初宜反羣居五人則長者必異席。席以四人爲節因宜有所尊疏夫爲至異席。○正義曰此一節亦明人子事親之法遊方習業及汎交之禮亦各隨文解之。○恒言不稱老者老是尊稱若其稱老乃是已自尊大非是孝子卑退之情故注云廣敬言廣者非但敬親因敬親廣敬他人或云子若自稱老父母則甚老則感動其親故舜年五十而慕是也。○年長以倍則父事之者此謂鄉里之中非親非友但二十以後年長倍已則以父道事之即父黨隨行也。○注謂年至孝弟。○正義曰人年三十而娶於後乃有子則三十於六十乃是倍年今鄭言二十於四十者但二十加冠成人責以爲人父爲人子之禮雖未有妻子有爲人父之端又内則云二十乃能敦行孝弟可責以孝子之行故二十於四十約之爲倍年也以二十未合有子故鄭云爲人父之端有子道也。○十年以長則兄事之者謂年二十於三十者全倍者父事之半倍故兄事之也凡事之則正差退而鴈行也。○五年以長則肩隨之者謂並行而差退若未二十童子則無此禮以其不能惇行孝弟論語云與先生並行王制云父之齒隨行兄之齒鴈行者舉成人有此禮也童子禮則無也此謂二十於二十五者肩隨則齊於鴈行也然則以此肩隨而推之上云父兄事之豈是溫凊如親正言其或行來坐席推前相類耳。○羣居五人則長者必異席者謂朋友居處法也羣朋友也子夏曰吾離羣是也古者地敷橫席而容四人四人則推長者居席端若有五人會應一人別席因推長者一人於異席也。○注席以至所尊。○正義曰熊氏云知四人爲節者以此云羣居五人則長者必異席既長者一人異席餘則四人矣案公食大夫禮云蒲筵常加萑席尋此以蒲席者故得容四人此羣居之法若賓主禮席皆無同坐之法故鄉飲酒賓介異席又云衆賓之席皆不屬焉不相連屬也鄉射衆賓之席繼而西謂相連屬也燕禮及大射公三重大夫再重是皆異席也。○爲人子者居不主奧，坐不中席，行不中道，立不中門。謂與父同宮者也不敢當其尊處室中西南隅謂之奧道有左右中門謂棖闑之中央内則曰由命士以上父子皆異宮○奧烏報反沈於六反處昌慮反下同棖宜衡反闑也闑魚列五結二反上時掌反凡言以上皆放此食饗不爲槩。槩量也不制待賓客饌具之所有。○食音嗣饗本又作享香兩反槩古愛反饌士戀反祭祀不爲尸。尊者之處爲其失子之道然則尸卜筮無父者。○爲其音于僞反下注除不爲孤皆同聽於無聲，視於無形。恒若親之將有教使然不登高，不臨深，不苟訾，不苟笑。爲其近危辱也人之性不欲見毀訾不欲見笑君子樂然後笑。○訾音紫毀也沈又將知反樂音洛疏爲人至苟笑。○正義曰此一節明孝子居處及行立待賓祭祀敬慎之事各隨文解之。○此明孝子居處閫門之内不言凡者或異居禮則不然。○居不主奧者主猶坐也奧者室内西南隅也室嚮南戶近東南角則西南隅隱奧無事故呼其名爲奧常推尊者于閑樂無事之處故尊者居必主奧也既是尊者所居則人子不宜處之也。坐不中席者一席四人則席端爲上今不云上席而言中者舊通有二一云敬無餘席非唯不可上亦不可中也一云共坐則席端爲上獨坐則席中爲尊尊者宜獨不與人共則坐常居中故卑者坐不得居中也。行不中道者尊者常正路而行卑者故不得也男女各路路各有中也。立不中門者中央有闑闑傍有棖棖謂之門楔今云不中門者謂棖闑之中是尊者所行故人子不得當之而行也。注謂與至異宮。正義曰凡上四事皆謂與父同宮者爾若命士以上則父子異宮則不禁所以爾者有命既尊各有臣僕子孫應敬已故也云不敢當其尊處者四事皆尊者之處室中西南隅謂之奧者爾雅釋宮文郭璞注云隱奧之處西北隅謂之屋漏孫氏云日光所漏入東北隅謂之宧孫氏云日側之明是宧明也東隅謂之窔郭氏云隱闇也云內則曰由命士以上父子皆異宮者證有異居之道也。食饗不爲槩者熊氏云謂傳家事任子孫若不傳家事則子孫無待賓之事大夫士或相往來設於饗食槩量也不制設待賓饌

其事由尊者所裁而子不得輒豫限量多少也。祭祀不爲尸者尸代尊者之處故人子不爲也。聽於無聲者謂聽而不聞父母之聲此明人子常禮也。視於無形者謂視而不見父母之形雖無聲無形恒常於心想像似見形聞聲謂父母將有教使已然也。不苟訾不苟笑者苟且也相毀曰訾不樂而笑爲苟笑彼雖有是非而已苟譏毀訾笑之皆非彼所欲必反見毀辱故孝子不爲也。注爲其至後笑。正義曰危解不登高不臨深辱釋不訾不笑也云君子樂然後笑者引論語證不苟笑之事也此是公明賈荅孔子云夫子樂然後笑人不厭其笑也

孝子不服闇不登危懼辱親也。服事也闇冥也不於闇冥之中從事爲卒有非常且嫌失禮也男女夜行以燭。瞑本亦作冥莫定反下同卒才忽反

23 宮室。

成廟則釁——交神明之道

寢成則考——落——成

成廟則釁之其禮祝宗人宰夫雍人皆爵弁純衣廟新成必釁之尊而神之也宗人先請於君曰請命以釁某廟君諾之乃行○釁許靳反祝側甚反雍人拭羊宗人視之宰夫北面于碑南東上居上者宰夫也宰夫攝主也拭靜也○拭音式碑彼皮反淨本亦作靜同才性反雍人舉羊升屋自中中屋南面刲羊血流于前乃降門夾室皆用雞先門而後夾室其衈皆于屋下割雞門當門夾室中室自由也衈謂將刲割牲以釁先滅耳旁毛薦之耳聽聲者告神欲其聽之周禮有刉衈○

卷四十二

刲苦圭反夾古洽反衈如志反刉古愛反又古對反一音其旣反珥如志反有司皆鄉室而立門則有司當門北面有司宰夫祝宗人○鄉許亮反下同既事宗人告事畢乃皆退告者告宰夫反命于君曰釁某廟事畢反命于寢君南鄉于門內朝服既反命乃退君朝服者不至廟也○朝直遥反注同路寢成則考之而不釁釁屋者交神明之道也言路寢者生人所居不釁者不神之也考之者設盛食以落之爾檀弓曰晉獻文子成室諸大夫發焉是也凡宗廟之器其名者成則釁之以猳豚宗廟名器謂尊彝之屬○猳音加彝以之反

疏成廟至猳豚○正義曰此一節論釁廟及考路寢之事○成廟則釁之者謂宗廟初成則殺羊取血以釁之尊而神之也○其禮祝宗人宰夫雍人皆爵弁純衣者其禮謂釁廟之禮欲釁之時宗人先請於君曰請命以釁某廟君諾之乃行事爵弁者士服也純衣者謂絲衣則玄衣纁裳也○雍人拭羊者雍人是廚宰之官拭羊謂拭靜其羊拭於廟門外按大戴禮釁廟篇云成廟則釁以羊君玄服立於寢門內南鄉祝宗人宰夫雍人皆玄服宗人曰請命以釁某廟君曰諾遂入雍人拭羊乃行入廟門碑南北面雍人舉羊升屋自中中屋南面刲羊血流于前乃降此皆大戴禮文既云拭羊乃行入廟門是拭羊在廟門之外但初受命於寢門內之時君與祝宗人宰夫雍人等皆著玄服謂朝服緇衣素裳等其祝宗人宰夫雍人等著玄服謂朝服緇衣素裳等其祝宗人宰夫雍人等皆入廟之時則爵弁純衣雍人舉羊升屋者熊氏云謂抗舉其羊升於屋自中者自由也謂升屋之時由屋東西之中謂兩階之間而升也中屋南面者謂當屋棟之上亦東西之中而南面刲割其羊使血流于前雍人乃降皇氏云舉羊謂縣羊升屋謂掛羊於屋自中謂在屋之中中屋謂羊在屋棟之下縣之上下處中今謂屋者謂室之在上之覆也前云升屋下云乃降與喪大記復者升屋其文正同何得以升爲縣又中屋爲屋棟去地上下爲中此正得云屋中不得云中屋若室裏縣羊血則當羊而下何得云血流于前又下文其衈皆於屋下明知其釁則在屋上檢勘上下皇氏之說非也○門夾室皆用雞者門廟門也夾室東西廂也其減於廟室故釁不用羊也門與夾室各一雞凡用三雞故云皆也謂釁門夾室用雞之時如上用羊之法亦升屋而刲之○先門而後夾室者謂先釁門後釁夾室又畢於門也○其衈皆於屋下者謂未刲割羊與雞之時先滅耳旁毛以薦神廟則在廟之屋下門與夾室則在門夾室之屋下故云其衈皆於屋下衈訖然後升屋而刲也○門當門夾室中室者謂衈訖爲釁之時門則當門屋之上中夾室則當夾室上之中以刲雞使血流故云門當門夾室中室此釁廟以羊門夾室以雞總云其衈則毛牲刲牲皆謂之衈而鄭注周禮云毛牲曰刉羽牲曰衈者以此經有羊有雞無別刉交故總以衈包之周禮刉衈相對故以毛牲曰刉羽牲曰衈○有司皆鄉室而立者謂釁夾室之時宰夫祝宗人皆當於夾室而立門則有司當門北面而立○既事宗人告事畢乃皆退者謂釁事既畢宗人告攝主宰夫以事畢宰夫及祝宗人等乃退○反命于寢者謂釁既畢反報君命於路寢○君南鄉于門內朝服者謂君受命之時南鄉于路寢門內南面而立身著朝服即大戴禮云玄衣以不入廟故朝服○路寢成則考之而不釁者路寢是生人所居不須神之故不釁也考之者謂設盛饌以落之如檀弓晉獻文子成室是也庾蔚云落謂與賓客燕會以酒食澆落之即歡樂之義也釁屋者交神明之道也者釋所以不釁路寢之義言此屋與神明相交故釁之也○凡宗廟之器其名者成則釁之以猳豚者器之名者尊彝之屬也若作名者成則釁之若細者成則不釁名器則殺猳豚血塗之也不及廟故不用羊也

四

宫室

居恒当户　寝恒东首

疾雷迅风甚雨必变虽夜必兴衣服冠而坐

盥　栉　浴—浴毕乃行

君子之居恒當戶鄉明。鄉許亮反。寢恒東首首生氣也。首手又反注同。若有疾風迅雷甚雨則必變雖夜必興衣服冠而坐敬天之怒。迅音峻又音信。衣於既反下衣布同又如字日五盥沐稷而靧粱櫛用樿櫛髮晞用象櫛進禨進羞工乃升歌晞乾也沐靧必進禨作樂盈氣也更言進羞明爲羞籩豆之實。盥音管。靧音悔。櫛則乙反。樿章善反。禨其既反浴用二巾上絺下綌刷去垢也。絺丑疑反。綌去逆反。刷色劣反。垢古口反。出杅履蒯席連用湯杅浴器也。蒯席澀便於洗足也。連猶釋也。杅音雩。蒯苦怪反。連力旦反猶也注同。澀所戢反。便婢面反。履蒲席衣布晞身乃屨進飲進飲亦盈氣也。屨九具反本又作履。將適公所宿齊戒居外寢沐浴史進象笏書思對命思所思念將以告君者也。對所以對君者也。命所受君命者也。書之於笏爲失忘也。既服習容觀玉聲佩玉乃出揖私朝煇如也登車則有光矣私朝自大夫家之朝也。揖其臣乃行。煇音暉。疏君子至光矣。○正義曰此一節明卿大夫以下所居處及盥浴并將朝君之義。○日五盥者盥洗手也。○沐稷而靧粱者沐沐髮也靧洗面也取稷粱之潘汁用將洗面沐髮並須滑故也然此大夫禮耳又人君沐靧皆粱也。○櫛用樿櫛者樿白理木也櫛梳也沐髮爲除垢膩故用白理澀木以爲梳。○髮晞用象櫛者晞乾燥也沐已燥則髮澀故用象牙滑櫛以通之也。○進禨進羞者禨謂酒也故少儀注云沐而飲酒曰禨是沐畢必進禨酒又進羞羞謂羞籩羞豆之實知非庶羞者庶羞爲食而設今進禨則飲酒之進爲飲設羞故知是羞籩羞豆是以籩人羞籩之下注引少牢主人酬尸宰夫羞房中之羞是酬尸之後而有羞籩羞豆也故知非庶羞是進羞也。○工乃升歌者又進羞之後樂工乃升堂以琴瑟而歌所以進禨進羞乃歌者以其新沐體虛補益氣也皇氏云進禨謂餕與少儀注違非其義也。○出杅者杅浴之盆也浴時入盆中浴浴竟而出盆也。○履蒯席者履踐也蒯菲草席澀出杅而腳踐履澀草席上刮去垢也。○連用湯者連猶釋也言釋去足垢而用湯闕也。○史進象笏者史謂大夫亦有史官也熊氏云按下大夫不得有象笏有象字者誤也熊氏又解與明山賓

十三經注疏　禮記二十九　玉藻　十三

宮室（札）

一階＝一尺

升階：連步

栗階＝散等＝左右足一發一二等

歷階＝從下至上皆越等無連步

越階＝左右足越三等

凡公所辭皆栗階栗蹙也謂越等急趨君命也

凡栗階不過二等其始升猶聚足連步越二等左右足各一發而升堂

疏凡栗階不過二等○注其始至升堂○釋曰凡堂及階尊者高而多卑者庳而少案禮器云天子之堂九尺諸侯七尺大夫五尺士三尺士冠禮降三等受爵弁鄭注云降三等下至地則士三等階以此推之則一尺爲一階大夫五尺五等階諸侯七尺七等階天子九尺九等階可知今云凡栗階不過二等言凡則天子九等已下至士三等皆有栗階之法栗階不過二等據上等而言故鄭云其始升猶聚足連步○也故曲禮云涉級聚足連步以上鄭注云涉等聚足謂前足躡一等後足從之併連步謂足相隨不相過也此即聚足○也天子已下皆留上等爲栗階左右足各一發而

升堂其下無問多少皆連步雜記云主人之升降散等鄭注云散等栗階則栗階亦名散等凡升階之法有四等連步一也栗階二也歷階三也歷階謂從下至上皆越等無連步若禮記檀弓云杜蕢入寢歷階而升是也越階四也越階謂左右足越三等若公羊傳云趙盾避靈公躇階而走是也

雜記（禮記十五）

宫室

燕礼儀禮十五司宫兼卷重席設于賓左東上注

每卿異席

宮室

宣王考室

斯干宣王考室也考成也德行國富人民殷衆而皆佼好骨肉和親宣王於是築宮廟羣寢既成而釁之歌斯干之詩以落之此之謂成室宗廟成則又祭祀先祖○考古卯反釁許覲反落如字始也或作樂非
疏斯干九章首章七句二章三章四章五章章五句六章七句七章五句入章卒章章七句○正義曰作斯干詩者宣
王考室也考成也宣王既德行民富天下和親乃築廟寢成而與羣臣安燕而樂之此之謂成室也人之所居曰室
宮寢稱室是其正也但君子將營宮室宗廟爲先故鄭以爲亦備宗廟室是摠稱言室足以兼之毛傳不言廟王肅云宣
王脩先祖宮室儉而得禮孫毓云此宣王考室之詩無作宗廟之言孫王並云述毛則毛意此篇不言廟也築室必先脩
廟但作者言不及耳經雖皆是考室之事正指其文則乃安斯寢是也故箋云寢既成乃鋪席與羣臣安燕爲歡以樂之
是考室之事也宣王中興賢君其所以作者非欲崇飾奢侈妨害民務國富民豐乃造之耳故首章言天下親富二章乃
作之三章言作之攻堅四章言得其形制五章言庭室寬明六章乃言考之也既考之後居而寢宿下至九章言其夢得
吉祥生育男女貴爲王公慶流後裔因考室而得然故考室可以兼之也○箋考成至先祖○正義曰考成釋詁文德行
者即秩秩斯干是也國富者幽幽南山是也人民殷衆而皆佼好次二句是也骨肉和親即下三句是也宣王承亂離之
後先務富民民富情親乃使之築宮廟羣寢築作既成其廟則神將休焉則而以衈釁塗之其寢則王將居焉設盛食燕
羣臣歌斯干之詩以歡樂之此之謂成室也言成者非直築成而已謂國富民和樂共作力以成其事廟則既爲釁衈
使神得安焉室則既爲歡燕使人得處焉人神各有攸處然後謂之爲成故言此之謂成室以結之說文云釁血祭也賈

十三經注疏　詩十一之二　小雅　鴻鴈之什　五

逵云殺而以血塗鼓謂之釁鼓則釁者以血塗之名雜記下曰成廟則釁之其禮雍人拭羊舉羊升屋自中屋南面刲羊
血流於前乃降是釁廟禮也昭四年左傳叔孫爲孟丙作鐘饗大夫以落之服虔云釁以豭豚爲落則又一名落蓋謂以
血澆之也雜記云路寢成則考之而不釁注云設盛食以落之即引檀弓晉獻文子成室諸大夫發焉是樂之事下箋亦
云安燕爲歡以樂之是也據經乃安斯寢是考室之事而於經無釁廟之云鄭云而釁之者鄭以似續妣祖爲築宮廟廟
成必當釁室尚燕樂明廟釁可知也雜記之文廟成則釁寢成則考此序言考室箋得兼云釁廟者此考之名取義甚廣
乃國富民殷居室安樂皆是考義猶無羊云考牧非獨據一燕食而已故知考室之言可以通釁廟也言歌斯干之詩以
樂之者歌謂作此詩也宣王成室之時與羣臣燕樂詩人述其事以作歌謂作此詩斯干所歌皆是當時樂事故云歌斯
干之詩以樂之非謂當樂之時已有斯干可歌也本或作樂以釁又名落定本集注皆作落未知孰是云宗廟成則又祭
先祖敘君子攸躋之言箋以躋
謂升廟祭祀故又言此以敘之

筵、席

筵席

蒲筵繢布純筵席也純緣

疏蒲筵繢布純○注筵席也純緣○釋曰鄉大夫州長與鄉人習禮雖有公卿之尊無加席唯一種故記人記之云筵席者鄭注周禮序官云鋪陳曰筵藉之曰席然其言之筵席通但在地者爲筵取鋪陳之義在上曰席取相承藉之義耳

（鄉射禮儀禮十三）

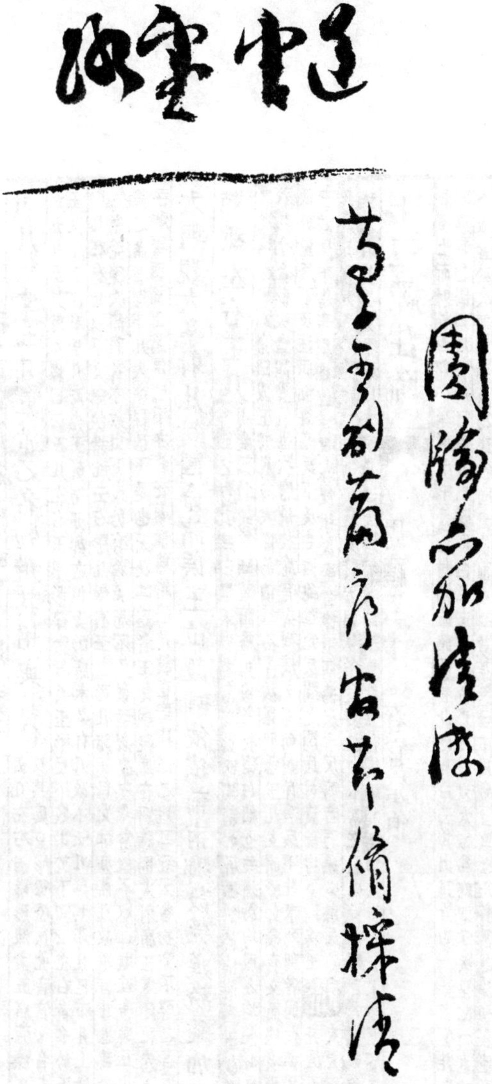

司几筵掌五几五席之名物辨其用與其位五几左右玉彫彤漆素五席莞藻次蒲熊用位所設之席及其處。彤徒冬反莞音官又音丸藻本又作繅音早

疏注五几至其處。釋曰云五几左右玉彫彤漆素者其玉彫已下數出於下文云左右者唯於王馮及鬼神所依皆左右玉几下云左右玉几祀先王酢席亦如之但受酢席未必有几故不云几筵其彤几已下非王所馮生人則几在左鬼神則几在右是以下文諸侯祭祀云右彫几國賓云左彤几諸侯自受酢亦無几故不言几也漆素並云俱右是爲神也云五席莞繅次蒲熊者亦數出下文仍有葦萑席不入數者以喪中非常故不數直取五席與五几相對而言耳云用位所設之席者即下几大朝覲已下是也云及其處者王受朝覲席在廟牖間大射席在虞庠祀先王在廟奥及堂酢席玉。在廟室西面自諸侯已下亦皆在廟惟熊席漆几設在野所征之地耳經云名物鄭不解之者義在可知故略之也

凡大朝覲大享射凡封國命諸侯王位設黼依依前南鄉設莞筵紛純加繅席畫純加次席黼純左右玉几斧謂之黼其繡白黑采以絳帛爲質依其制如屏風然於依前爲王設席左右有几優至尊也鄭司農云紛讀爲豳又讀爲和粉之粉謂白繡也純讀爲均服之均純緣也繅讀爲藻率之藻次席虎皮爲席書顧命曰成王將崩命大保芮伯畢公等被冕服馮玉几玄謂紛如綬有文而狹者繅席削蒲蒻展之編以五采若今合歡矣畫謂雲氣也次席桃枝席有次列成文。朝覲直遥反下注來朝朝者同後朝覲朝見之類放此黼音甫依於豈反下及注同鄉許亮反下及注同純章允反劉之閏反司農音均下同爲王于僞反下爲布同豳彼貧反緣悅絹反率音律下同馮皮冰反蒻音弱編必縣反

疏凡大至玉几。釋曰此經及下文見五有事設席三重之義言凡大朝覲者四時常朝則春夏受贄於朝秋冬受贄於廟不常在廟也此朝覲言大則因會同而行朝覲之禮謂春秋來時若冬夏來則曰大宗遇也云大饗者謂王與諸侯行饗禮於廟即大行人云上公三饗之屬是也大射謂王將祭祀擇士而射於西郊小學虞庠中云凡封國命諸侯者此即典命云其出封皆加一等之屬是也云王位設黼依者案爾雅牖戶之間曰扆於扆之處設黼黼即白黑文而爲斧形此斧以大板爲邸即掌次皇邸一也故鄭彼注云邸後板以此斧板置於扆即以黼扆爲揔名也云依前南鄉設莞筵已下以席三重也凡敷席之法初在地者一重即謂之筵重在上者即謂之席已下皆然故鄭注序官云敷陳曰筵藉之曰席。注斧謂至成文。釋曰鄭云斧謂之黼者案禮記明堂位云天子負斧扆彼及諸文多爲斧字者若據繢人職則云白與黑謂之黼據采色而言之若據繡於物上則爲金斧文近刃白近銎黑則曰斧取金斧斷割之義故鄭以斧釋黼云其繡白黑文者繢人職文鄭知以絳帛爲質者鄉射記云凡畫者丹質此黼畫之故知絳帛絳帛即丹質也云其制如屏風然者屏風之名出於漢世鄭以今曉古故舉屏風而爲況也孔注顧命其置竟戶牖間竟終也戶牖間狹故置之終滿戶牖間也云左右有几優至尊也者此經所云王皆立不坐既

立又於左右皆有几故鄭注大宰云立而設几優至尊據立而言此據左右皆有而言故注相兼乃具也司農云紛讀為豳於義不安故更云又讀為和粉之粉謂白繡也純讀為均服之均者案僖五年左傳卜偃云均服振振取虢之旗賈服杜君等皆為均均同也但司農讀為均均即準音與純同故云純緣也云繅讀為藻率之藻者讀從桓二年臧哀伯云藻率鞞鞛鞶厲斿纓此並取彼義也云次席虎皮為席者此見下有熊席故為虎皮後鄭不從也引尚書者證王馮玉几之義也玄謂紛如綬有文而狹者此見漢世綬是薄帔有文章而狹以為席之緣故言之也鄭知繅席削蒲蒻展之編以五采若今合歡矣者漢有合歡席如此故還舉漢法況之也云畫謂雲氣也者鄭於經但單言畫皆以畫雲氣解之蓋五色雲為之文也云次席桃枝席有次列成文者鄭亦見漢世以桃枝竹為席次第行列有成其文章故言之也

祀先王昨席亦如之鄭司農云昨席於主階設席王所坐也玄謂昨讀曰酢謂祭祀及王受酢之席尸卒食王酳之卒爵祝受之又酌授尸尸酢王於是席王於戶內后諸臣致爵乃設席

疏 祀先至如之。釋曰祀先王謂宗廟六享皆用上三種席酢席謂王酳尸尸酢王王受酢之席亦如上三種席故云亦如之。注鄭司農至設席。釋曰司農云酢席於主階設席王所坐也者此約鄉飲酒禮主人在阼階賓在戶牖主人受酢王行飲酒禮亦然此酢文承祀先王下即是祭禮受尸酢不得為凡常飲酒禮故後鄭不從也後鄭知王有授尸酢法者謂若鬱人注引特牲少牢此注亦取彼義故云尸卒食王酳之卒爵祝受之又酌授尸尸酢王於是席王於戶內也案特牲少牢主人受酢之時未設席夫婦致爵乃設席今王於受酢即設席者優至尊與大夫士禮異知席王在戶內者約特牲主人受酢時在戶內之東西面也云后諸臣致爵乃設席者此亦約特牲夫婦致爵之時有席若然王於酢有席與彼異至於后即與彼同者禮有損之而益故后不得與王同宜同士禮案特牲無致爵於賓長之法而此言諸臣致爵者此王於諸臣亦無致爵禮此致爵謂酳尸訖主人獻賓長於西階之上謂之致爵也特牲主人致爵於主婦席於東房中此后亦然其諸臣案特牲獻賓長於西階上無席獻訖以薦俎降設於西階下亦無席此諸臣有席者亦是王之臣尊宜設席乃以薦俎降設於席東也

諸侯祭祀席蒲筵繢純加莞席紛純右彫几繢畫文也不莞席加繅者繅柔嚅不如莞清堅又於鬼神宜。繢胡內反嚅本或作懦又作擩同如兖反

疏 諸侯至彫几。釋曰此經論諸侯禘祫及四時祭祀之席皆二種席也。注繢畫至神宜。釋曰上文畫純者畫雲氣此云繢即非畫雲案繢人職對方為繢是對方為次畫於繒帛之上與席為緣也云不莞席加繅者繅柔嚅不如莞清堅又於鬼神宜者案上文天子祭祀席與酢席同此下文諸侯受酢席下莞上繅今祭祀席下蒲上莞以是故鄭以下文決此今諸侯祭祀席不亦如下文莞席加繅者以其繅柔嚅不如莞清堅於鬼神宜即於生人不宜故下文生人繅在上為宜也又不以繅在莞下者繅尊不宜在莞下故用蒲替之也

昨席莞筵紛純加繅席畫純筵國賓于牖前亦如之左彤几昨讀亦曰酢鄭司農云禮記國賓老臣也為布筵席於牖前玄謂國賓諸侯來朝孤卿大夫來聘後言几者使不蒙如也朝者彫几聘者彤几

疏 昨席至彤几。釋曰諸侯酳尸尸酢主君亦於戶內之東西面設此二席及筵國賓在牖前亦如之亦如同二種席也几席雖同但上文鬼神則右几此文生人則左几也又別云左彤几者謂國賓之中有諸侯來朝亦有孤卿大夫來聘若朝者則彫几蒙亦如之聘者席雖與同几則用彤故別云左彤几使不蒙如也。注昨讀至彤几。釋曰先鄭云禮記國賓老臣也者案禮記王制有四代養國老庶老於學之事彼國老謂卿大夫致仕庶老謂士之致仕者先鄭據此文而云國賓老臣也後鄭不從者未見朝聘之賓而言已國老臣於義不可故不從也玄謂國賓諸

侯來朝孤卿大夫來聘者案大小行人及司儀賓謂諸侯客謂其臣今此經唯云賓而兼云孤卿大夫者對文賓客異通而言之賓客一也以大司徒云大賓客令野脩道委積小司徒云小賓客令野脩道委積是賓客通用之義也案公食大夫禮云司宮具几與蒲筵加萑席又云上大夫蒲筵加萑席其純皆如下大夫彼注云謂公食上大夫孤爲賓則莞筵紛純加繅席畫純聘禮將賓宰夫徹几改筵注云徹神几改神席更布也賓席東上又引公食大夫云云此筵上下大夫也又引此筵國賓下至彤几云筵孤彤几卿大夫其漆几與以此而言則筵諸侯與孤用莞筵繅席而卿大夫則用蒲筵萑席今捴云國賓孤卿大夫同莞繅者此廣解國賓之義其實如公食大夫及聘禮之注也若然此注云朝者彤几聘者彤几彤几亦謂孤也依彼聘禮注卿大夫用漆几者以其天子用玉諸侯用彫孤用彤卿大夫用漆几差次然也案禮記禮器云天子之席五重諸侯三重今天子唯三重諸侯二重者彼云五重者據天子大祫祭而言若禘祭當四重時祭當三重皆用此三重席耳故此唯見三重席也諸侯三重上公當四重亦謂大祫祭時若禘祭降一重諸侯二重禘與時祭同卿大夫已下特牲少牢唯見一重耳若爲賓饗則加重數非常法故不與祭祀同也

甸役則設熊席右漆几。 謂田甸有司祭表貉所設席。甸音田注同 疏 甸役至右漆几。釋曰甸役謂天子四時田獵案大司馬大閱禮教戰訖入狩田既陳有司表貉於陳前是時設熊席右漆几也

凡喪事設葦席右素几其柏席用萑黼純諸侯則紛純每敦一几 喪事謂凡奠也萑如葦而細者鄭司農云柏席迫地之席葦居其上或曰柏席載黍稷之席玄謂柏槨字磨滅之餘槨席藏中神坐之席也敦讀曰燾燾覆也棺在殯則槨燾既窆則加見皆謂覆之周禮雖合葬及同時在殯皆異几體實不同祭於廟同几精氣合。柏鄭音槨劉依司農音迫萑音丸敦音道劉音疇藏才浪反燾音導 疏 注喪事至氣合。釋曰云喪事謂凡奠也者以其言凡非一之義士喪禮始死之奠乃至小斂之奠亦設於地未有席至大斂奠乃有席殯後則有朝夕奠朔月奠大夫已上兼有月半奠并有薦新奠葬時又有遷奠祖奠大遣奠葬乃廢奠而虞祭也故鄭云謂凡奠也云萑如葦而細者詩云萑葦淠淠同類之物但麤細爲異耳先鄭以柏席爲迫地或爲載黍稷其言無所依據故後鄭不從也玄謂柏槨字磨滅之餘槨席藏中神坐之席也者謂於下帳中坐設之云敦讀曰燾燾覆也者謂若覆燾持載者也云棺在殯則槨燾者檀弓云天子菆塗龍輴以槨是也云既窆則加見者此既夕下棺訖則加見見謂道上帳帷荒將入藏以覆棺言見者以其棺不復見唯見帷荒故謂之見也云皆謂覆之者此解經敦字以其二處皆當覆故云敦也云周禮雖合葬者檀弓云古者不合葬周公蓋附附謂合葬是周禮合葬也云及同時在殯者禮記曾子問云父母之喪偕鄭云同月死是同時在殯也云皆異几體實不同者解經每敦一几之義云祭於廟同几精氣合者案禮記祭統云敷筵設同几鄭云同之言詷謂言語相詷之詷即共詷也故破從詷則以某妃配某氏以其精氣合故也言祭於廟者謂言祭時以其禫月吉祭猶未配故知至二十八月乃設同几也

凡吉事變几凶事仍几 故書仍爲乃鄭司農云變几變更其質謂有飾也乃讀爲仍仍因也因其質謂無飾也爾雅曰儀仍因也書顧命曰翌日乙丑成王崩癸酉牖間南鄉西序東嚮東序西嚮皆仍几玄謂吉事王祭宗廟祼於室饋食於堂繹於祊每事易几神事文示新之也凶事謂凡奠几朝夕相因喪禮略。翌音翼劉音育祊補耕反 疏 注故書至禮略。釋曰先鄭云變更其質謂有飾又以仍几爲因其質謂無飾後鄭不從者以司農就几體解之所引尚

書仍几乃是前後相因不得爲几體故不從也且上文云右素几於凶几無飾已有文何須此亦云仍几爲無飾乎皆其言不經故不從也引顧命者案彼經云牖間南嚮華玉仍几西序東嚮文貝仍几東序西嚮彫玉仍几西夾南嚮漆仍几孔云因生時几皆有飾而先鄭引之者先鄭意直取仍因之義不須無飾也玄謂吉事祭宗廟祼於室者洛誥云王入大室祼是也云饋食於堂繹於祊者案禮器云設祭于堂爲祊乎外是直云饋食於堂謂饋獻節據有孰故言饋食其實未有黍稷又不言朝踐者朝踐與饋獻同在堂故略而不言也又饋獻後更延尸入室進黍稷尸食之事不言者以其還依祼於室之几故亦略而不言也云凶事謂凡奠者即上文凡喪事右素几是也此文見凡奠几相因不易之意案檀弓云虞而立尸有几筵者據大夫士而言案士喪禮大斂即有席而云虞始有筵者以其几筵相將連言其實虞時始有几其筵大斂即有也天子諸侯禮大初死几筵並有故上云凡喪事設葦席右素几也凡几之長短阮諶云几長五尺高三尺廣二尺馬融以爲長三尺舊圖以爲几兩端赤中央黑也

宮室

五几五席

斧黼——畫白黑斧文以絳帛為質

依——如屏風

大朝覲——凡四時之朝覲——注周官會同朝覲礼是為

表別同姓異姓

大饗——王與諸侯饗礼於廟

大射——王將祭必擇士而射

敷之節——以初在地上而陳之重在上者即謂之席也下同

一筵

屏風——名出於屏以

漆有合敷席

宫室

司几筵 鋪陳曰筵藉之曰席

司几筵下士二人府二人史一人徒八人筵亦席也鋪陳曰筵藉之曰席然其言之筵席通矣○鋪普吳反又音孚藉在夜反【疏】司几筵○釋曰在此者凡祭祀先設席故其職云掌五几五席辨其用與其位故列職於此也○注筵亦至通矣○釋曰云鋪陳曰筵藉之曰席者設席之法先設者皆言筵後加者爲席故其職云設莞筵紛純加繅席畫純假令一席在地或亦云筵儀禮少牢云司宮筵於奥是也是先設者爲鋪陳曰筵藉之曰席也云然其言之筵席通矣者所云筵席惟據鋪之先後爲名其筵席止是一物故云然其言之筵席通矣

饔即竈

注官

亨人掌共鼎鑊以給水火之齊鑊所以煮肉及魚腊之器既孰乃脀于鼎齊多少之量。齊才細反注同疏注鑊所至之量。釋曰云鑊所以煮肉及魚腊之器者案少牢爨在廟門外之東大夫五鼎羊豕腸胃魚腊各異鑊鑊别有一鼎鑊中肉孰各升一鼎故鄭云既孰乃脀于鼎云齊多少之量者此釋經給水火之齊謂實水於鑊及爨之以火皆有多少之齊職外内饔之爨亨

十三經注疏 周禮四 天官冢宰 三一

煮辨膳羞之物職主也爨今之竈主於其竈煮物。爨七亂反疏職外至之物。釋曰亨人主外内饔爨竈亨煮之事云辨膳羞之物者膳羞則牛鼎之物是也。注職主至煮物。釋曰云爨今之竈者周禮儀禮皆言爨論語王孫賈云寧媚於竈禮記祭法天子七祀之中亦言竈若然自孔子已後皆言竈故鄭云爨今之竈

祭祀之牛牲繫焉監門養之監門門徒。○繫音計本又作繫監古銜反注同疏注監門門徒。○釋曰牧人六牲至祭前三月則使充人繫而養之若天地宗廟則繫於牢芻之三月若其散祭祀之牲則不在牢遣此監門徒養之不必三月也凡歲時之門受其餘鄭司農云受祭門之餘疏凡四至其餘。○釋曰凡歲時之門者歲之四時祭門非一故云凡以摠之若月令秋祭門者是祭廟門此門亦謂國門十二者除四時祭外仍有爲水祈禱故左氏莊公二十五年秋大水有用牲于門之事

官箋

「戴寶則國寶也」

乃章本彥倀贈于戴寶侯

宫室

周宫室制

刘师培中国历史教科书

宮

古者命士以上年十五父子異宮

夙興婦沐浴纚笄宵衣以俟見夙早也昏明日之晨興起也俟待也待見於舅姑寢門之外古者命士以上年十五父子異宮

十三經注疏 儀禮五 士昏禮 七

疏夙興至俟見○釋曰自此至授人論婦見舅姑之事云纚笄宵衣者此則特牲主婦宵衣也不著純衣纁袡者彼嫁時之盛服今已成昏之後不可使服故退從此服也○注夙早至異宮○釋曰云昏明日之晨者以昨日昏時成禮此經言夙興故知是昏之晨旦也云興起也俟待也待見於舅姑寢門之外者因訓即解之也云古者命士以上年十五父子異宮者案內則云由命士以上父子異宮不云年限今鄭知十五異宮限者以其十五成童是以鄭注喪服亦云子幼謂年十五以下則不隨母嫁故知十五以後乃異宮也鄭言此限者欲見不命之士父子同宮雖俟見不得言舅姑寢門外也

宫室

瓮牖繩樞之子

[注]史記索隱瓮牖蓋曰以繩系戶樞之子言居氏雍無窗寒也

宮室

鯀築城以衛君造郭以守民

出路第 吳越春秋四、

宫室

古者堂之前有階

故古居設兩階左為賓階右為阼階

古人號字相襲

高字傳誤

援引

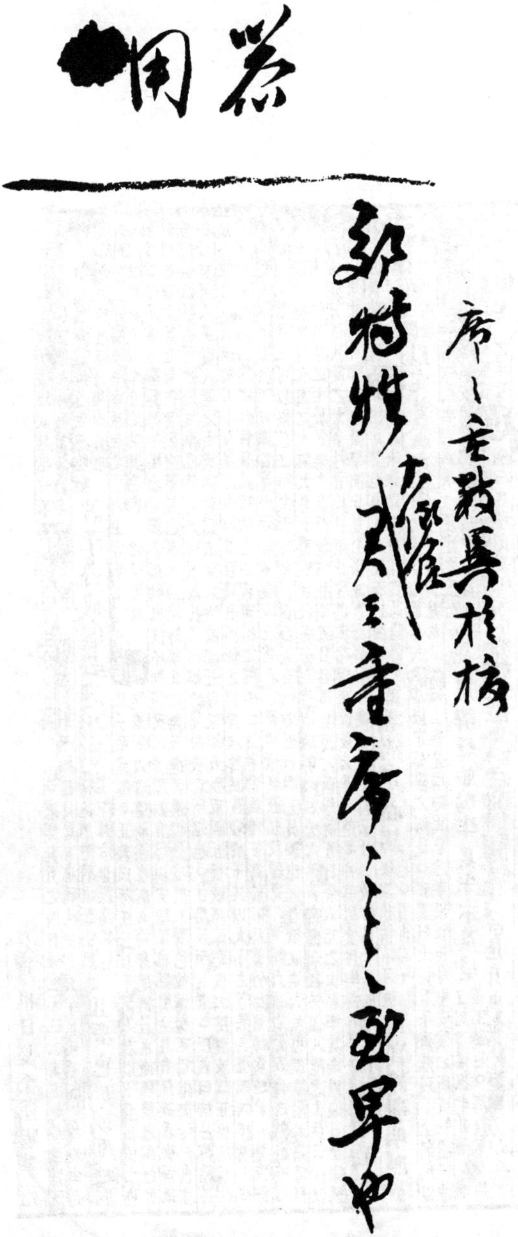

宮室

是月也，日長至，陰陽爭，死生分。[illegible]陽方盛，陰欲起也。分，猶半也。[illegible] 疏 是月至生分。○正義曰：長至者，謂此月之時日長之至極。大史漏刻[illegible]五刻[illegible]是日最長[illegible]死生分者，分，半也。陰氣既起，故物半死。[illegible]蔡云：感陽氣長者生，感陰氣成者死，故於夏至日相與分也。

君子齊戒，處必掩身，毋躁，掩猶隱翳也。躁猶動也。今月令毋躁爲欲靜。止聲色，毋或進，進御見[illegible]也。易及樂春秋說夏至人主與羣臣從八能之士作樂五日，今止之，非其道也。○從，子用反。

疏 君子至或進。○正義曰：蔡氏云：君子，謂人君以下至在位士也。齊戒所以敬道萌陰也。處必掩身，處猶居也，掩，隱翳也。陰既始萌，故君子居處不顯露，恐干陰也。毋躁者，躁，動也。既不顯露，又不得躁動，宜靜以安萌陰也。鄭引今月令無躁爲欲靜，欲靜則無躁之義。止聲色者，歌樂華麗之事，爲助陰靜，故止之。無或進者，進，御見也。既止聲色，故嬪房不得進御侍夕也。亦爲微陰始動，不可動於陰事也。蔡云：方齊戒，故止色內御之屬，勿或有所進也。○注易及至其道。○正義曰：按易緯通卦驗云：夏至，人主從八能之士，或調黃鍾，或調六律，或調五音，或調五聲，或調五行，或調律曆，或調陰陽，或調正德所行。注：從八能之士，謂選於天下人衆之中取其習曉者而使之。調黃鍾者，縣黃鍾於子，其以大小之差展其聲。調六律者，六律言陽也，又有六呂爲之合，管有長短，吹之以調樂器之聲。調五音者，金爲鍾，革爲鼓，石爲磬，竹爲管，絲爲絃，皆有聲，要舒疾也。匏也、木也、土也不言調者，聲少變，故不調。調五聲者，宫商角徵羽，聲弘殺緩急。凡黃鍾六律之聲，五音之數，與神靈之氣通，人君聽之，可以察己之得失，而知羣臣賢否。調五行者，五行謂五英。調律曆者，律曆謂六莖也。調陰陽者，謂雲門、咸池。調正德所行者，謂之大韶、大夏、大濩、大武。此鄭云五英謂顓頊樂名，六莖者帝嚳樂名。云從八能之士，注云：從，就也。謂人主就八能之士於習樂之處而觀之。作樂五日者，謂日至之前，豫前五日，令八能之士習作其樂，以迎日至。樂緯稽圖徵亦云從八能之士。今月令於日至止聲色，與諸緯文違，故云非其道。必知其緯文作樂爲[illegible]者，以周禮大司樂冬至祭圜丘，夏至祭地方澤，皆有作樂之文，不得云止樂，故知月令非也。

薄滋味，毋致和，爲其氣異，此時傷人。○和，戶臥反。

疏 注爲其至傷人。○正義曰：滋味和調，氣味殊異，他時可食，此時傷人。

節耆欲，定心氣，微陰扶精，不可散也。○耆，市志反。

百官靜事毋刑，[illegible]之事不可以聞。今月令刑爲徑。

以定晏陰之所成。晏，安也。陰稱安。○晏，伊見反。

疏 以定晏陰之所成。○正義曰：上從君子齊戒以下至無刑以上，皆是淸靜止息之事，以正定身中安陰之所成就。謂初[illegible]靜，則微陰與人爲病，故須定之。王肅及蔡氏[illegible]安[illegible]所成，非鄭旨也。

○鹿角解，蟬始鳴，半夏生，木堇榮。又記時候也。半夏，藥草。堇，王蒸也。○解[illegible]市志反。夏，戶嫁反。堇音謹，一名舜華。蒸，之承反。

疏 注[illegible]別三名，可食，或呼爲日及，亦云王蒸，其花朝生暮落。

○是月也，[illegible]又用火，於其方害微陰也。

可以居高明，可以遠眺望，可以升山陵，可以處臺榭。順陽在上也。高明，謂樓觀也。闍者謂之臺，有木者謂之榭。○榭音謝。觀，古喚反。闍音都。

疏 注闍者至之榭。○正義曰：按釋宮云：闍謂之臺。李巡云：積土爲之，所以觀望。郭景純云：積土四方。又云：無室曰榭。李巡云：但有大殿，無室，名曰榭。郭景純云：榭，今之堂堭。

仲夏[illegible]

十三經注疏　禮記十六　月令　十四

（吴）

（吴太伯传）太伯起城周三里二百步外郭三百余里在西北隅名曰吴人民皆耕田其中

太伯祖卒葬于梅里平墟

（阖闾内传）子胥〻〻造筑大城周回四十七里陆门八以象天八风水门八以法地八聪筑小城周十里陵门三不开东面

此非從後起明矣。之閭閈以象大門與，閭閻風名之紀
門者，名爲雜處也。

闔廬以後治宮室

立射臺於安里，華池在平昌，南城

宮在長樂

闔閭出游臥，秋冬治於城中，春夏治于城外

治姑蘇之臺

旦食鮐山，晝游蘇臺，射于鷗陂，馳於游臺，興

樂石城，走犬長洲

（達）

（閈閎客）閈閎見示之之至閣館之硯並赤面之紀降

陛閣凝又且頌海之宸乃成年守謝民年成徐會

序不謂田時而難乃之吉辭之之之吉言風聞

易乃名泯民思靡颺之行之制造共覧之王藏閣郭諸守備

宮啓乃序後之告庠 竹別呈函近

建築

楨榦幹詩乃楨幹

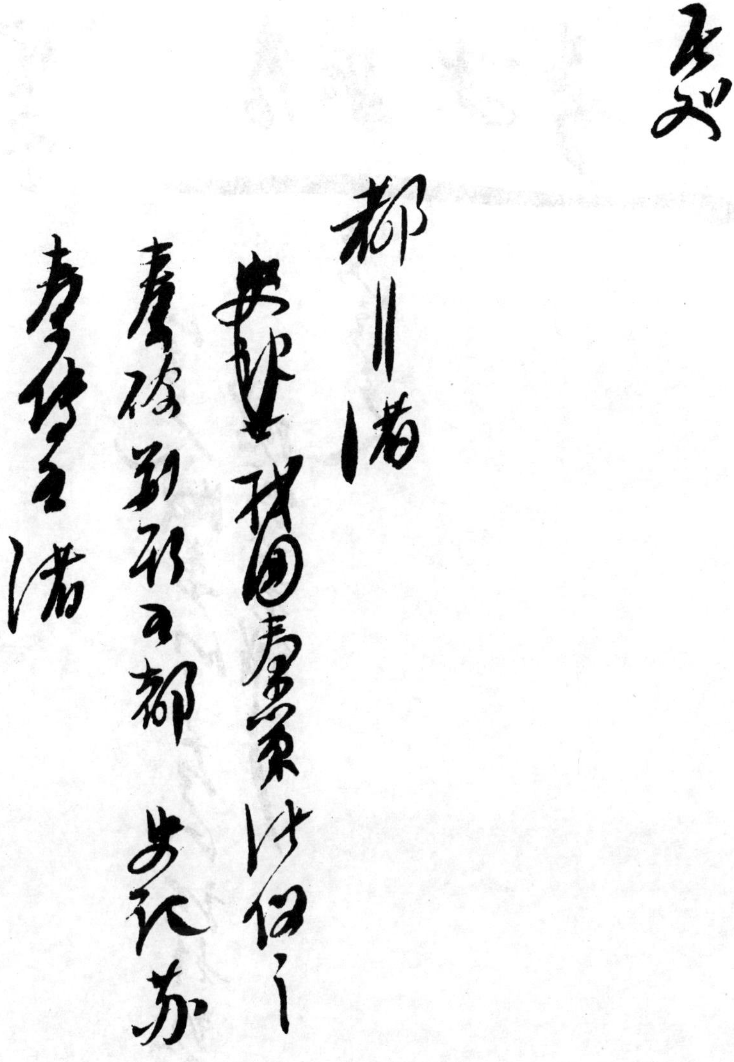

宗室

春秋史事

宗人職多仍古代諸姓聯職之舊已

職但蔑職

之宗人

宫室

徐南齋侍郎并 安國侍御……謹發見示 某

上

宫室

韓詩外傳一原憲居魯環堵之室茨以蒿萊

茨

營造

窟室一壑谷 左襄卅

作楚之宫 左襄卅一 秦寫放六國宫室於國未 晋尚不同

銅鞮之宫數里而諸侯舍於隸人 門不容車 左襄卅一

近市湫隘嚣塵請更諸爽塏 近市朝夕得所求 毁里宅皆如其舊除之 左昭三

熾炭於位 左昭十

除其足集 昭廿三

宮室（一）

王出宮之帷幕幄帟

喪帷幕帟

二幕設處

幕人掌帷幕幄帟綬之事王出宮則有是事在旁曰帷在上曰幕幕或在地展陳于上帷幕皆以布爲之四合象宮室曰幄王所居之帳也鄭司農云帟平帳也綬組綬所以繫帷也玄謂帟王在幕若幄中坐上承塵幄帟皆以繒爲之凡四物者以綬連繫焉○幄烏學反帟音亦綬音受疏幕人掌至之事釋曰云掌王帷在傍施之像土壁也幕則帷上張之像舍屋也幄帷幕之內設之帟者在幄幕內之承塵綬者條也以此條繫連帷幕幕人掌此五者王出宮則送與掌次張之○注王出至繫焉○釋曰言在旁曰帷在上曰幕則帷在下幕在上共爲室今之設幕則無帷在下爲異也云或在地展陳於上者案聘禮云管人布幕官陳幣史展幣皆於幕上聘禮又賓入境至館皆展幕是幕在地展陳於上又云帷幕皆以布爲之知者案既夕禮云明衣裳用幕布其帷在幕下明亦用布故知二者皆用布至於覆棺之幕則用繒故禮記檀弓云布幕衛也縿幕魯也明天子亦用繒覆棺不張設故用繒也云四合象宮室曰幄知四合象宮室不上屬據帷幕爲句者見顏延之纂要云曰合象宮曰幄故四合向下據幄爲句也鄭司農云帟平帳後鄭不從者見下王喪張帟三重之等皆據承塵又幄已是帳又言帟明帟非帳也先鄭又云綬組綬所以繫帷者此語未足故後鄭增成其義玄謂帟王在幕若幄中坐上承塵者云在幕謂下掌次云師田則張幕設重帟是王在幕設帟之事若幄中有帟者掌次云朝日祀五帝則張大次小次設重帟重次即幄是幄中坐上有承塵也云幄帟皆以繒爲之者以其布帷幕之內宜細密又案喪大記有素錦褚褚即幄彼喪用錦明此用繒可知云凡四物者以綬連繫焉者此增成先鄭也凡朝覲會同軍旅田役祭祀共其帷幕幄帟綬共之者掌次當以張疏凡朝至帟綬○釋曰此一經皆供與掌次使張之此云朝覲會同即掌次云諸侯朝覲會同是也此云軍旅田役即掌次云師田彼師田即此軍旅彼田即此田役是也此云祭祀即掌次云大旅及朝日祀五帝是也此數事皆共帷幕幄帟綬與掌次是以鄭云共之者掌次當以張也大喪共帷幕帟綬爲賓客飾也帷以帷堂或與幕張之於庭帟在柩上疏注爲賓至在柩上○釋曰云爲賓客飾者王喪而有賓客者謂若顧命成王喪諸侯來朝而遇國喪故康王之命云畢公率東方諸侯入應門右召公率西方諸侯入應門左并有二王之後皆是賓客故爲之飾也云帷以帷堂者謂若喪大記及士喪禮始死帷堂小斂徹之及殯在堂亦帷之也云或與幕張之於庭者案尚書顧命云出綴衣於庭鄭云連綴小斂大斂之衣於庭中爾時在庭應設此帷幕無正文故云或也有解者云爲王襲絰在庭故有帷幕按喪大記諸侯踊阼階下襲絰於序東雖王

禮亦當哭踊在阼階下何因反來庭中襲絰乎恐不可也云帟在柩上者即掌次云凡喪王則張帟三重是也　三公及卿大夫之喪共其帟唯士無帟王有惠則賜之檀弓曰君於士有賜帟

疏注唯士至賜帟○釋曰掌次云諸侯再重孤卿大夫不重則此云三公不云諸侯與孤掌次云諸侯與孤不云三公者三公則是諸侯再重此不云孤孤與卿大夫同不重幕人不張故略不言鄭云唯士無帟者此經及掌次俱

不云士有帟明無也引檀弓者欲見有賜則有帟非常法

建築

囿游　囿（三之六）

周礼有同官別職別官同職

閽晨

王宮門五皆以各宮門處此

閽人王宮每門四人囿游亦如之。閽人司昏晨以啓閉者刑人墨者使守門囿御苑也游離宮也。閽音昏囿音又斿本亦作游音由【疏】閽人至如之。釋曰在此者以其掌守中門之禁王宮在此故亦在此周禮之內有同官別職則此閽人每門及囿遊同名閽人而職別山虞澤虞云每大澤大山及川衡林衡亦是別職同官也別官同職者唯有官連耳。注閽人至宮也。釋曰云閽人司昏晨以啓閉者此釋名閽人之意昏時閉門則此名閽人也晨時啓門則論語謂之晨人也皆以時事爲名耳又云刑人墨者使守門此秋官掌戮職文鄭彼注云黥者無妨於禁禦欲使守門案其職云掌守中門之禁言中門則唯雉門耳而言每門者彼言中門據有禁守者言之其實王之五門皆使墨者守之或解以爲五有五門四面皆有中門故言每門義亦通也案禮記云古者不使刑人守門彼鄭注謂夏殷時公羊云閽殺吳子餘祭近刑人輕死之道彼據人君加之寵故云近刑人輕死之道若君有防衛不親近則非近刑人其劓者使守關以其醜惡遠之不得約彼即以十二門皆使墨者也詩云昏椓靡共箋云皆奄人彼据后宮門故使奄者也又云囿御苑者案詩云王在靈囿注所以養禽獸天子百里諸侯四十里案孟子齊宣王問孟子云文王之囿方七十里猶以爲小寡人囿方四十里猶以爲大何也孟子荅文王之囿芻蕘者往焉雉兔者往焉與民同之故以爲小不亦宜乎君之囿民殺其麋鹿者如殺人之罪民以爲大不亦宜乎則文王之囿方七十里者大於諸侯小於天子故也白虎通亦云天子百里大國四十里次國三十里小國二十里與孟子不同者白虎通細別言之也又云游離宮者囿是大苑其門皆使閽人守之也此離宮即囿游之獸禁故彼鄭云謂囿之離宮小苑觀處也或以爲游亦謂城郭中與公所爲者也

宮室

家不藏甲邑無百雉城

君之辭何氏云一人弑君國中人人盡喜故舉國以明失衆當坐絕也例皆時者略之也故此作注云未至三年失衆見弑也云禍端在定定字亦有作在是字者今解從定也○夏葬薛襄公○叔孫州仇帥師墮郈○墮許規反下同○衛公孟彄帥師伐曹○季孫斯仲孫何忌帥師墮費曷爲帥師墮郈帥師墮費據城費【疏】注據城費○解云即襄七年城費是也然則彼時城費今乃墮之似於義反故以爲難孔子行乎季孫三月不違曰家不藏甲邑無百雉之城於是帥師墮郈帥師墮費郈叔孫氏所食邑費季氏所食邑二大夫宰吏數叛患之以問孔子孔子曰陪臣執國命采長數叛者坐邑有城池之固家有甲兵之藏故也季氏說其言而墮之故君子時然後言人不厭其言書者善定公任大聖復古制弱臣勢也不書去甲者舉墮城爲重○吏數所角反采長七代反下丁丈反說音悅厭於豔反去起呂反【疏】孔子行至三月不違○解云案上十年齊人來歸邑之下傳云孔子行乎季孫三月不違以此言之三月之外違之明矣故上有注云定公貪而受之此違之驗然則三月之後必似違之今此傳文復言之者蓋不違有二何者案如家語定十年之時孔子從邑宰爲司空十一年又從司空爲司寇然則爲司空之時能別五土之宜咸得其所爲季孫所重是以三月不違也齊人遂懼來歸四邑矣及作司寇之時攝行相事設法而用之國無姦民在朝七日誅亂政大夫少正卯戮于兩觀之下尸諸朝三日政化大行季孫重之復不違三月是以此傳文言其事矣○家不至之城○解云同之左氏則邑無百雉之城者亦據侯伯大都巳言之若與之異則魯凡邑皆然也○注二大夫宰吏數叛患之者○解云即上十年夏叔孫州仇仲孫何忌帥師圍郈秋叔孫州仇仲孫何忌帥師圍費是也郈費二邑相因言之故謂之數耳○注以問至墮之○解云春秋說及史記皆有此言云故君子時然後言人不厭其言者論語文也云不書去甲者舉墮城爲重者正以傳云家不藏甲邑無百雉之城明其並從二事而特舉墮城不書去家之甲者與重故也必知去甲亦合書者正以成元年三月作丘甲書之於經明知去甲亦合書矣雉者何五板而堵八尺曰板堵凡四十尺○堵丁古反【疏】雉者何○解云正以傳言邑無百雉之城經典未有其事須知雉之度數故執不知問○注八尺曰版堵者解云韓詩外傳文五堵而雉二百尺百雉而城二萬尺凡

周十二里三十三步二尺公侯之制也禮天子千雉蓋受百雉之城十伯七十雉子男五十雉天子周城諸侯軒城軒城者缺南面以受過也【疏】注二萬至制也○解云公侯方百雉春秋說文也古者六尺爲步三百步爲里計一里有千八百尺十里即有萬八千尺更以一里三十三步二尺爲二千尺通前爲二萬尺也故云二萬尺凡周十一里三十三步二尺也云禮天子千雉者春秋說文也云蓋受百雉之城十者謂公侯於天子十取一之義似若孟子與司馬法云天子圓方百里公侯十里是十取一之文也云伯七十雉子男五十雉者春秋說文○注天子至過也○解云天子周城諸侯軒城者春秋說文云缺其南面以受過也者正以諸侯軒縣闕南方則雉軒城亦宜然案舊古城無如此者蓋但孔子設法如是後代之人不能盡用故也或者但不設射垣以備守故曰缺其南面以受過不妨仍有城○秋大雩不能事事信用孔子聖澤廢【疏】注不能至澤廢○解云並謂三月之後違之○冬十

宮室

穴居

苦陰溼以御寒

趙岐尚在草舍

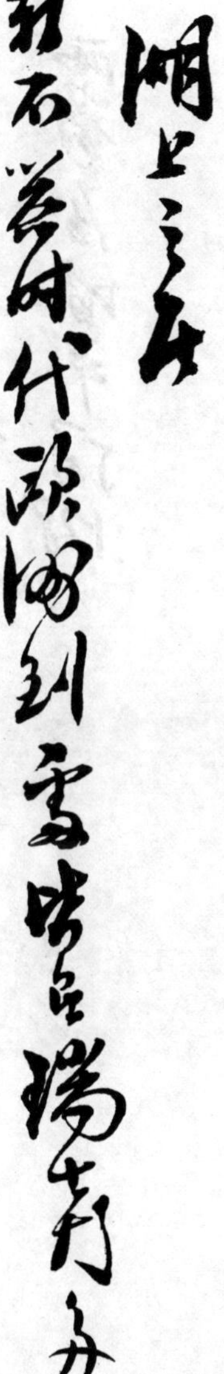

建築

獨木梯 中國民族史下冊178

蒙藏與一切藏十七間實傑碉178

西藏屋皆平頂178

宫室

「古宫寝之室可证奥矣」

又详御廿二の讲义（廿三上）

益

自如何芸草為鄉自生四五叢耳

三國志衛覬傳注引魏略 傳世子法筆為

長沙

姚列考辨云云

宫室

桂林雅人之子為耕園而肄從余事建築甫滿

戊　建築

新五代史卷四十五王琪盛寧子述「鄉番苗稼向熟，恐其來寇」鄉番苗

壅鼻邊牆，創自五代。今寬邊地務存一防蕃民作

亂之防，立此要務，鄉民苗之要也」

宫室

木構 遼代建築 古代陵室

中國考古學史頁150 192、

宗教

天師

十駕齋養新録卷十九

宫室

廳堂掛古畫之風始于禪

中日多角遍央下毋須引他

火政

火政提要

「火政」一包，分四札。除第四札是剪報資料外，其他各札，都是吕先生從《左傳》《漢書》《通鑑》《山海經》《水經注》等史籍中摘出的資料，也有一些是讀《文化人類學》等新書及報刊雜誌的筆記。

吕先生的札録，通常在天頭或紙角上寫有分類名稱，如「火」「火政」「礦物」等，有些札録也寫有題頭。摘録的資料，大都是節録或剪貼史籍原文，未録原文的，也在題頭下注出資料出處。如第三六四頁「藏冰出冰」注見「左昭四大雨雹」(即《左傳》昭公四年「大雨雹」一節)。或略記史籍的篇名卷第，如第三四七頁「弈棋常令蒼頭秉燭」注見《魏書》「六八ㄧ上」(即卷六八第一頁正面)，「密於灰中藏火」注見《魏書》「八二ㄧ下」(即卷八二第一頁反面)。札録中也有加了按語的，如第三七八頁「胎銅」條，「勉案似是自然銅」。第三七五頁也有較長的按語。第一札中《晉書》《齊書》《梁書》《南史》等史籍上的資料，摘録時已做過文字的比對，並用紅筆標出異同。

「火政」一包的第四札是剪報資料，此次整理未予收録；札録的手稿部分，均按原件影印刊出。

火

晉書周顗傳 顗性寬裕。而友愛過人。弟嵩嘗因酒瞋目謂顗曰。君才不及弟。乃横得重名。以所然蠟燭投之。顗神色無忤。徐曰。阿奴火攻固出下策耳。（見六九上）

又車胤傳 家貧不常得油。夏月則練囊盛數十螢火以照書。以夜繼日焉。（見八三上）

又石季龍載記 左校令成公段造庭燎於崇杠之末。高十餘丈。上盤置燎。下盤置人。絙繳上下。季龍試而悅之。其太保夔安等文武五百九人勸季龍稱尊號。安等方入。而庭燎油灌下盤。死者七人。季龍惡之。大怒。斬成公段於閶闔門。（見一〇六下）

齊書王僧虔傳：僧虔年對藏……擲幟閑跡自風塵。（廿三上）孫僧西史
知僧虔第十二，諸慕改不隆落。名不重作。僧綽素懷諸珠兒凡
風。子止三風。
又書蕭傳：江陵陷沒，少蕭書所歷夜懷。隨月光援卷竹屋。穿

（4五）

梁書沈約傳：篤志好學，晝夜不倦。母恐其以勞生疾，常遣減油滅
火。而晝之所讀，夜輒誦之。（十三下）
又傳：昭陸謂帝曰：錄陸，引為中書通事舍人。時於此禮樂諸儀
天下。昭將覆錄。更所乎詔，君將來面。示安藏。常攜書林餘
帝問之。對曰：卿有古人之風。非對卿古人人乎。

（廿六紙）章作 南史

梁書文學傳劉峻：峻好學。家貧。寄人廡下。自課讀書。常燎麻炬，從夕達旦。時或昏睡。爇其髮。既覺復讀。終夜不寐。其精力如此。

十上

南史后妃傳梁武丁貴嬪：少時與鄰女月下紡績。諸女並患蚊蚋。貴嬪弗之覺也。（十二紙）

又崔慧景傳：柳燈陳佛普設燈籠言。江夏王寶……於是登北固樓。並千蠟燭為烽火。舉以應之。慧景（百五紙）

玄鎮京口

南史隱逸傳顧歡：夕則然松節讀書。或然糠自照。（七五紙）

晉書外戚傳羊琇：性豪侈。費用無復齊限。而屑炭和作獸形以

溫麻。以下裏覺。同競效之。（卷三十）

北齊書後主紀：鑿晉陽西山爲大佛像。一夜然油萬盆。光照宮內。

（火附）

通鑑齊武帝永明十年注：舊俗冬至後一百五日爲寒食。初學記曰：周舉移書。魏武明罰令。陸翽鄴中記。並云寒食斷火。起於介子推。然周禮司烜氏：仲春以木鐸循火禁於國中。注云：爲仲春將出火。今寒食準節氣是仲春之末。清明是三月之初。然則禁火蓋周制也。（雜伎）

緣盤於杠以置燎。通鑑晉成帝咸康二年，趙左校令成公段作庭燎於杠末。高十餘丈。上盤置燎。下盤置人。趙王虎試而悅之。

三年。春正月。庚辰。趙大保夔安等文武五百餘人上尊號。庭燎油灌下盤。死者二十餘人。（考異：載記云七人。今從三十國春秋。）趙王虎惡之。要斬成公段。

段排。通鑑梁武帝中大同元年……歡攻玉壁……孝寬……於城外積柴貯火。敵有在地道內者。塞柴投火。以皮排吹之。注：排讀與韛同。音步拜反。韋囊也。所以吹火。（頁九八上）

蠟燭。北史李孝伯傳：義恭獻蠟燭十挺。（大武在[illegible]時）（卅三上）

齊民要術雜說篇：蒿艾辮以作燭致照。（二卅）（[illegible]崔寔）下又引之（卅）。又作燭法。

蕭取乾牛屎。圓累。令中央空。然之。不煙。勢類好炭。若能多收。常用作食。既無灰塵。又不失火。勝於草遠矣。（八下）

隋书王劭傳：劭以古有鑽燧改火之義，近代廢絶，於是上表請變火，曰：臣謹案周官，四時變火，以救時疾，明火不數變，時疾必興。聖人作法，豈徒然也。在晉時，有以洛陽火渡江者，代代事之，相續不滅，火色變青。昔師曠食飯，云是勞薪所爨。晉平公使視之，果然車輞。今溫酒及炙肉，用石炭、柴火、竹火、草火、麻荄火，氣味各不同。以此推之，新火舊火，理應有異。伏願遠遵先聖，於五時取五木以變火，用功甚少，救益方大。縱使百姓習久，未能頓同，尚食內厨及東宮諸主食厨，不可不依古法。上從之。(六九上)

顏氏家訓勉學篇：梁世彭城劉綺，交州刺史勃之孫，早孤家貧，燈燭難辦，常買荻尺寸折之，然明夜讀。(上下)

燈纜。南史齊武帝諸子傳：南海王子罕，母嘗寢疾，子罕晝夜祈禱。於時以[redacted]竹為燈纜照夜。此纜宿昔枝葉大茂，母病亦愈。咸以為孝感所致。（同上）

火基常令蒼頭秉燭 八止 魏書六

密於灰中藏火 二八 魏書八

史料

農業

齊之北澤燒火。（獵而行火曰燒，式照反）光照堂下。管子入賀。桓公曰。吾田野辟。農夫必有百倍之利矣。是歲租稅九月而具。粟又美。桓公召管子而問曰。此何故也。管子對曰。萬乘之國。千乘之國。不能無薪而炊。今北澤燒。莫之續。則是農夫得居裝而賣其薪蕘。（大曰薪，小曰蕘）一束十倍。則春有以傳耜。夏有以決芸。此租稅所以九月而具也。

管子輕重甲

勉案此必耕也

火

古人之燭

西山經　凡西經之首……其餘十七山之屬皆毛牷用一羊祠之燭者百草之未灰　郭注此蓋古人用燭之始經云百草未灰是此上古之燭蓋亦用麻蒸葦苣白蓆采等純之為之詳見詩疏及周禮疏

火

晉 火禁 火令 行火

宋延彥北山集得作火禁

火政

出内火

晉侯問於士弱（弱士渥濁之子莊子。渥於角反）曰吾聞之宋災於是乎知有天道何故（問宋何故自知天道將災）對曰古之火正或食於心或食於咮以出內火是故咮爲鶉火心爲大火（謂火正之官配食於火星建辰之月鶉火星昏在南方則令民放火建戌之月大火星伏在日下夜不得見則令民內火禁放火。咮竹又反徐丁遘反出如字徐尺遂反內如字徐音納鶉音純見如字又賢遍反）

【疏】注謂火至放火。正義曰昭二十九年傳五行之官有木正火正金正水正土正立此五官各掌其職封爲上公祀爲貴神謂能其事者後世祀之火正之官居職有功祀火星之時以此火正之神配食也五行之官每歲五時祀之謂之五祀月令云其神句芒祝融后土蓐收玄冥配五帝而食其神矣而火正又配食於火星者以其於火有功祭火星又祭之后稷得配天又配稷火正何故不得配帝又配星也有天下者祭百神天子祭天之時因祭四方之星諸侯祭其分野之星其祭火星皆以火正配食也火正配火星而食有此傳文其金木水土之正不知配何神而食經典散亡不可知也周禮司爟掌行火之政令季春出火民咸從之季秋內火民亦如之鄭玄云火所以用陶冶民隨國而爲之鄭司農云以三月本時昏心星見於辰上使民出火九月本黃昏心星伏在戌上使民內火故春秋傳曰以出內火周禮所言皆據夏正故杜以周禮之意解其心咮爲火之由建辰之月卽月令季春之月日在胃昏七星中南方七星有井鬼柳星張翼軫七者共爲朱鳥之宿星卽七星也咮謂柳也春秋緯文耀鉤云咮謂鳥陽七星爲頸宋均注云陽猶首也柳謂之咮咮鳥首也七星爲朱鳥頸也咮與頸共在於午者鳥之正宿口屈在頸七星與咮體相接連故也鶉火星昏而在南方於此之時令民放火咮星爲火之候故於十二次咮爲鶉火也建戌之月卽月令季秋之月日在房東方七宿角亢氐房心尾箕七者共爲蒼龍之宿釋天云大辰房心尾也大火謂之大辰孫炎曰龍星明者以爲時候大火心也在中最明故時候主焉以是故此傳心爲大火九月日體在房房心相近與日俱出俱沒伏在日下不得出見故令民內火禁放火也火官合配其人蓋多不知誰食於心誰食於咮也此傳鶉火大火共爲出火之候周禮之注不言咮者以咮非內火之候故唯指大火以解出內之文故其言不及咮也

子產十二

（業）薪火

季秋伐薪爲炭

是月也草木黃落乃伐薪爲炭。伐木必因殺氣 炭吐旦反

月令

火

宵燭

宵則庶子執燭於阼階上司宮執燭於西階上甸人執大燭於庭閽人爲燭於門外宵夜也燭燋也甸人掌共薪蒸者庭大燭爲其位廣也爲作也作燭俟賓出

疏 宵則庶子執燭○釋曰自此盡篇終論禮畢容公卿出入之事

大射儀礼十八

火政

燕禮宵

在地曰燎執之曰燭于地廣設之則曰大燭—燎亦名大燭

燭

樹于門外曰大燭于門內曰庭燎—公五十侯伯子男皆三十

古無麻燭用荊燋

宵則庶子執燭於阼階上司宮執燭於西階上

甸人執大燭於庭閽人爲大燭於門外宵夜也燭燋也甸人掌共薪蒸者庭大燭爲位廣也閽人門人也爲作也作大燭以俟賓客出 疏 宵則至門外○注宵夜至客出

○釋曰凡燕設燭者或射之後終燕則至宵也或冬之日不射亦宵夏之日不射未必至宵也云燭燋也者古者無麻燭而用荊燋故少儀云主人執燭抱燋鄭云未爇曰燋但在地曰燎執之曰燭於地廣設之則曰大燭其燎亦名大燭故詩云庭燎之光毛云庭燎大燭也鄭云夜未央而於庭設大燭毛鄭並指此甸人執大燭之文也司烜氏云凡邦之大事共墳燭庭燎注謂墳大也樹於門外曰大燭於門內曰庭燎言樹則大燭亦在地廣設之而已此閽人爲大燭於門外者亦是大燭在地者案郊特牲云庭燎之百由齊桓公始也注云僭天子也庭燎之差公蓋五十侯伯子男皆三十文出大戴禮也此亦諸侯禮以燕禮輕故不言庭燎設大燭而已云甸人掌共薪蒸者天官甸師氏職文引之者以其內有燭燋故使之在門爲大燭也云閽人門人也者案天官閽人掌守王中門之禁諸侯亦當然

燕禮 儀禮疏十五

火

爟〡〡蒸

牀。釋曰云夷之言尸也者遷尸於堂亦言夷尸盤衾皆依尸而言故云夷之言尸也云朝正柩用此牀者謂柩至祖廟兩楹之間尸北首之時乃用此牀故名夷牀也

二燭俟于殯門外早闇以爲明也燭用烝

疏二燭至門外。注早闇至用烝。釋曰自此盡窆衾論啓殯及變服之事二燭者以其發殯宮二者下云燭入注云炤徹與啓殯者故於此豫備之云燭用蒸者案周禮甸師氏云以薪蒸役外內饔注云大曰薪小曰蒸又案少儀云主者執燭抱燋鄭云未爇曰燋燋即蒸故云燭用蒸也

既夕禮　儀禮卌八

大

宵爲燎于中庭 宵夜也燎火燋 疏 ○注宵夜也燎火燋○釋曰案少儀云主人執燭抱燋注云未爇曰燋古者以荆燋爲燭故云燎火燋也或解庭燎與手執爲燭別故郊特牲云庭燎之百由齊桓公始也注云僭天子也庭燎之差公蓋五十侯伯子男皆三十大夫士無文大燭或云以布纏葦以蠟灌之謂之庭燎則此云庭燎亦如之云大者對手執者爲大也

士喪礼

儀禮疏卷第三十六 元缺卷今補依要義分

燭俟于饌東 燭燋也饌東方之饌有燭者堂雖明室猶闇火在地曰燎執之曰燭 疏 ○注堂雖至曰燭○釋曰云堂雖明室猶闇者前小斂陳衣于房無燭者近戶得明故無燭此大斂於室之奧故有燭以待之云在地曰燎者謂若郊特牲云庭燎之百又詩云庭燎之光如此之類皆在地曰燎此云執之曰燭及少儀云主人執燭抱燋此之類皆是人之手執燭也庭燎且燕禮亦謂之大燭也司烜氏亦謂之墳燭也

士喪礼 既夕礼 卌七

火

司烜氏下士六人徒十有六人烜火也讀如衛侯燬之燬故書燬為垣鄭司農云當為烜○烜音毀注燬同烜劉音表疏注烜火至為烜○釋曰在此者案其職云掌取明火及以木鐸修火禁亦是禁戒之事故在此也云讀如衞侯燬之燬者春秋左氏衞侯燬滅邢詩云王室如燬燬烈火之別名也

司烜氏掌以夫遂取明火於日以鑒取明水於月以共祭祀之明齍明燭共明水夫遂陽遂也鑒鏡屬

取水者世謂之方諸取日之火月之水欲得陰陽之潔氣也明燭以照饌陳明水以爲玄酒鄭司〔疏〕注夫遂至黍稷。
農云夫發聲明齍謂以明水脩滌粢盛黍稷。夫方符反或云司農音符齍音資注作粢音同釋曰云夫遂陽遂
也者以其日者太陽之精取火於日故名陽遂取火於木爲木遂者也鑒鏡屬者詩云我心非鑒不可以茹彼鑒是鏡可
以照物此鑒形制與彼鑒同所以取水也云取水者世謂之方諸者漢世謂之方諸言取水謂之方諸則取火者不名方
諸別名陽遂也明者潔也日月水火爲明水明火是取日月陰陽之潔氣也云明燭以照饌陳者謂祭日之旦饌陳於堂
東未明須燭照之云明水以爲玄酒者鬱鬯五齊以明水配三酒以玄酒配玄酒井水也玄酒與明水别而云明水以爲
玄酒者對則異散文通謂之玄酒是以禮運云玄酒在堂亦謂明水爲玄
酒也先鄭云明水滌濯粢盛黍稷者滌謂蕩滌濯謂釋米者也

凡邦之大事共墳燭庭燎

故書墳爲
蕡鄭司農
云蕡燭麻燭也玄謂墳大也樹於門外曰大燭於門內曰庭燎皆
所以照衆爲明。墳扶云反燎力召反蕡扶云反李一音婦葦反〔疏〕凡邦至庭燎。釋曰大事者謂若大喪紀大賓客
則皆設大燭在門外庭燎在大寢之庭。注故書
至爲明。釋曰先鄭從故書蕡爲麻燭者以其古者未有麻燭故不從是以禮記少儀云十人執燭抱燋鄭云未爇曰燋
是知未有麻燭也後鄭云樹於門外曰大燭者非人所執也燕禮云甸人執大燭於庭不言樹者彼諸侯燕禮不樹於地
使人執彼注云庭大燭爲位廣也此言大燭亦爲位廣又樹之於地也云於門內曰庭燎者於門內在庭中故謂之庭燎
庭燎與大燭亦一也其所以照衆爲明是以詩庭燎云夜如何其夜未央庭燎之光君子至止鸞聲將將謂宣王時諸侯
來朝之事按郊特牲云庭燎之百由齊桓公始也鄭云庭燎之差公蓋五十侯伯子男皆三十大戴禮文其百者天子禮
庭燎所作依慕容所爲以葦爲中心以布纏之飴蜜灌之若今蠟燭百者或以百般一處設之或百處設之若人所執者
用荆燋爲之執燭抱燋
曲禮云燭不見跋是也

中春以木鐸修火禁于國中

爲季春將出火也火禁謂用火之處及備風燥。中
音仲爲于僞反下爲葬皆爲同燥素早反又素報反〔疏〕
注爲季至風燥。釋曰云爲季春將出火也者三月昏時火辰
星在卯南見是火星出此二月未出故云爲季春將出火也

軍旅修火禁邦若屋誅則爲明竁焉

鄭司
農云
屋誅謂夷三族無親屬收葬者故爲葬之也三夫爲屋一家田爲一夫以此知三家也玄謂屋讀如其刑剭之剭剭誅謂
所殺不於市而以適甸師氏者也明竁若今揭頭明書其罪法也司烜掌明書則罪人夜葬與。竁昌銳反剭徐音屋剭
音握與〔疏〕軍旅至竁焉。釋曰屋誅謂甸師氏屋舍中誅則王之同族及有爵者也是以易鼎卦云鼎折足覆公餗其
音餘
刑屋鄭義以爲餗美饌鬻三足三公象若三公傾覆王之美道屋中刑之與此同云爲明竁焉者明用刑以
板書其姓名及罪狀著於身竁壙中也。注鄭司至葬與。釋曰先鄭以屋爲夫三爲屋者謂夷三族解之後鄭不從者
夷三族乃是戰國韓信等用商鞅連相坐之法造三夷之誅既亂世之法何得以解太平制禮之事乎鄭知罪人亦有明
刑書於木者見昭二年鄭公孫黑作亂子產數其罪云不速死大刑將至七月壬寅縊尸諸周氏之衢加木焉注云書其
罪於木以加尸上而辠之非禮故書殺以惡黑知明刑者書可知知夜葬者以其司烜主明火掌夜事既令掌之則罪人
夜葬可知故曾子問云見星而
行者惟罪人是夜葬之事也

朴云

司爟下士二人徒六人故書爟爲燋杜子春云燋當爲爟書亦或爲燋爟爲私火玄謂爟讀如予若觀火之觀今燕俗名湯熱爲觀則爟火謂熱火與○司爟古亂反燋哉約反李又音灼觀古喚反下同與音餘疏注故書至火與○釋曰在此者按其職有行火之政令火屬南方故在此也子春不從古書燋還從爟爟爲私火者民間理爨之火爲私火亦如後鄭爲熱火也後鄭讀如予若觀火者盤庚告其羣臣不欲徙而恬情者予若觀熱也我有刑罰如熱火可畏故引燕俗以湯熱爲觀亦取熱火之義後鄭云謂熱火與者對秋官司烜氏以夫燧取火於日中爲明者爲冷火破字爲疑故云與也孔安國以觀爲視我視汝情如視火與鄭義異也若然司烜氏不在此者彼取金義故在秋官也

司爟掌行火之政令四時變國火以救時疾行猶用也變猶易也鄭司農說以鄹子曰春取榆柳之火夏取棗杏之火季夏取桑柘之火秋取柞楢之火冬取槐檀之火○楢羊久反又音由疏司爟至時疾○釋曰云掌行火之政令者即四時變國火及季春出火等皆是也云四時變國火以救時疾者火雖是一四時以木爲變所以禳去時氣之疾也○注行猶至之火○釋曰先鄭引鄹子書論語注引周書不同者鄹子書出於周書其義是一故各引其一言春取榆柳之等[illegible]鄭皆以爲取五方之色同故用之今按棗杏雖赤榆柳不青槐檀不黑其義未聞

季春出火民咸從之季秋內火民亦如之火所以用陶冶民隨國而爲之鄭人鑄刑書火星未出而出火後有災鄭司農云以三月本時昏心星見于辰上使民出火九月本黃昏心星伏在戌上使民內火故春秋傳曰以出內火○見賢遍反疏注火所至內火○釋曰鄭知出火內火據陶冶火者以其上經四時變國火據食火明此春秋傳爲證也云民隨國而爲之者釋民咸從之義云鄭人已下按左氏昭六年三月鄭人鑄刑書士文伯曰火見鄭其火乎火未出而作火六月丙戌鄭災是其後有災昭十七年梓慎曰火出於夏爲三月於商爲四月於周爲五月夏數得天正先鄭云三月本時昏心星見於辰上使民出火九月本昏心星伏在戌上使民內火者心星則大火辰星是也三月諸星復在本位心星本位在卯三月本之昏心星始時未必出見卯南九月本始之黃昏心星亦未必伏在戌上皆據月半後而言云春秋傳曰以出內火者左氏傳襄公九年文

時則施火令焚萊之時疏注焚萊之時○釋曰上言行火政此又言施火令則不掌火禁故鄭云焚萊之時其火禁者則宮正云春秋以木鐸脩火禁注云火星以春出以秋入因天時而以戒司烜亦云仲春以木鐸脩火禁于國中彼二官直掌火禁不掌火令凡

祭祀則祭爟報其爲明之功禮如祭爨疏注報其至祭爨○釋曰鄭云禮如祭爨者祭爨祭老婦也則此祭爟謂祭先出火之人

凡國失火野焚萊則有刑罰焉野焚萊民擅放火疏注野焚至放火○釋曰國失火謂在國中民失火有罰者今民失火有杖罰野焚萊有罰者大司馬仲春田獵云火弊鄭云春田主用火因除陳生新則二月後擅放火則有罰也

有三年之愛於其父母乎。孔曰言子之於父母欲報之恩昊天罔極而予也有三年之愛乎 疏 宰我至母乎。正義曰此章論三年喪禮也宰我問三年之喪期已久矣者禮喪服爲至親者三年宰我嫌其期月大遠故問於夫子曰三年之喪期已久矣乎君子三年不爲禮禮必壞三年不爲樂樂必崩者此宰我又說喪不可三年之義也言禮檢人迹樂和人心君子不可斯須去身推在喪則皆不爲也不爲既久故禮壞而樂崩也舊穀既沒新穀既升鑽燧改火期可已矣者宰我又言三年之喪一期爲足之意也夫人之變遷本依天道一期之間則舊穀已沒新穀已成鑽木出火謂之燧言鑽燧者又已改變出火之木天道萬物既已改新則人情亦宜從舊故喪禮但一期而除亦可已矣子曰食夫稻衣夫錦於女安乎者孔子見宰我言至親之喪欲以期斷故問之言禮爲父母之喪既殯食粥居倚廬斬衰三年期而小祥食菜果居堊室練冠縓緣要絰不除今女既期之後食稻衣錦於女之心得安否乎曰安者宰我言既期除喪即食稻衣錦其心安也女安則爲之者孔子言女心安則自爲之夫君子之居喪食旨不甘聞樂不樂居處不安故不爲也今女安則爲之者孔子又爲說不可安之禮旨美也言君子之居喪也疾即飲酒食肉雖食美味不以爲甘雖聞樂聲不以爲樂寢苫枕塊居處不求安也故不爲食稻衣錦之事今女既心安則任自爲之責其無仁恩於親故再言女安則爲之宰我出子曰予之不仁也子生三年然後免於父母之懷者予宰我名宰我方當愚執夫子不欲面斥其過故宰我既問而出去孔子對二三子言曰夫宰予不仁於父母也凡人子生未三歲常爲父母所懷抱既三年然後免離父母之懷是以聖人制喪禮爲父母三年夫三年之喪天下之通喪也者通達也謂上自天子下達庶人皆爲父母三年故曰通喪也予也有三年之愛於其父母乎者爲父母愛已故喪三年今予也不欲行三年之服是有三年之恩愛於父母乎。注馬曰至火也。正義曰云周禮月令有更火之文者周書孔子所刪尚書百篇之餘也晉成康中得之汲冢有月令篇其辭今亡案周禮司爟掌行火之政令四時變國火以救時疾鄭玄注云行猶用也變猶易也鄭司農說以鄒子曰春取榆柳之火夏取棗杏之火季夏取桑柘之火秋取柞楢之火冬取槐檀之火其文與此正同釋者云榆柳青故春用之棗杏赤故夏用之桑柘黃故季夏用之柞楢白故秋用之槐檀黑故冬用之。注孔曰自天子達於庶人。正義曰禮記三年問云夫三年之喪天下之通喪也鄭玄云達謂自天子至於庶人喪服四制曰此喪之所以三年賢者不得過不肖者不得不及檀弓曰先王制禮也過之者俯而就之不至者跂而及之也聖人雖以三年爲文其實二十五月而畢若駟之過隙然而遂之則是無窮也故先王爲之立中制節壹使足以成文理則釋之矣喪服四制曰始死三日不怠三月不解期悲哀三年憂恩之殺也故孔子云子生三年然後免於父母之懷夫三年之喪天下之達喪也所以喪必三年爲制也。注孔曰至愛乎。正義曰云欲報之德昊天罔極者小雅蓼莪文鄭箋云之猶是也我欲報父母是德昊天乎我心無極云予也有三年之愛乎者言宰予不欲服喪三年是無三年之愛也繆協云爾時禮壞樂崩三年不行宰我大懼其往以爲聖人無微旨以戒將來故假時人之謂啓憤於夫子義在屈已以明道也

子曰飽食終日無所用心難矣哉不有博奕者乎爲之猶賢乎已馬曰爲其無所據樂善生淫欲 疏 子曰至乎已。正義曰此章疾人之不學也子曰飽食終日無所用心難矣哉者言人飽食終日於善道無所用心則難以爲處矣哉不有博奕者乎爲之猶賢乎已者賢勝也已止也博說文作簙局戲也六箸十二棊也古者烏曹作簙圍棊謂之奕說文弈從廾言竦兩手而執

火

水石

韓/原金廿七八

火

篝火

事物原始據說文一篝熏籠也手内炭暖之者也

引八荒始于黄帝

冰

取冰

冰澤腹堅腹亦作複

○冰方盛水澤腹堅命取冰腹厚也此月日在北陸冰堅厚之時也北陸謂虛也今月令無堅○腹本又作複又方服反疏冰方至取冰○正義曰言此月冰既方盛於時極寒冰實至盛而云方盛者此謂月半以前小寒之節冰猶未盛故云方也至於月半以後大寒乃盛水澤腹堅者腹厚也謂水澤潤澤厚實堅固冰既堅固故命取冰○注腹厚至無堅正義曰腹者形體腹長故為厚也云此月日在北陸者當此月之時日在玄枵之次其星當女虛危也陸道也言女虛危是北方七宿之道故釋天云北陸虛也舉中央星以言之○

見屋本卷

戴淵出淵

左明の大雷

火大

秦以十月爲歲首故常以十月上宿郊見李奇曰上宿上齋戒也○宋祁曰越本註云上宿月上旬也通權火張晏曰權火烽火也狀若井挈皋矣其法類稱故謂之權火欲令光明遠照通於祀所也漢祀五畤於雍五十里一烽火如淳曰權擧也師古曰凡祭祀通擧火者或以天子不親至祠所而望拜或以衆祠各處欲其一時薦饗宜知早晏故以火爲之節度也它皆類此拜於咸陽之旁而衣上白其用如經

漢書郊祀志

金之出品森林之火牲曰燬
林中火焚
燬毛
金所産錫停于地之均知 剝出于窖于陸之衝
某種
鐵形狀之于銳之出 金經系從地何為用

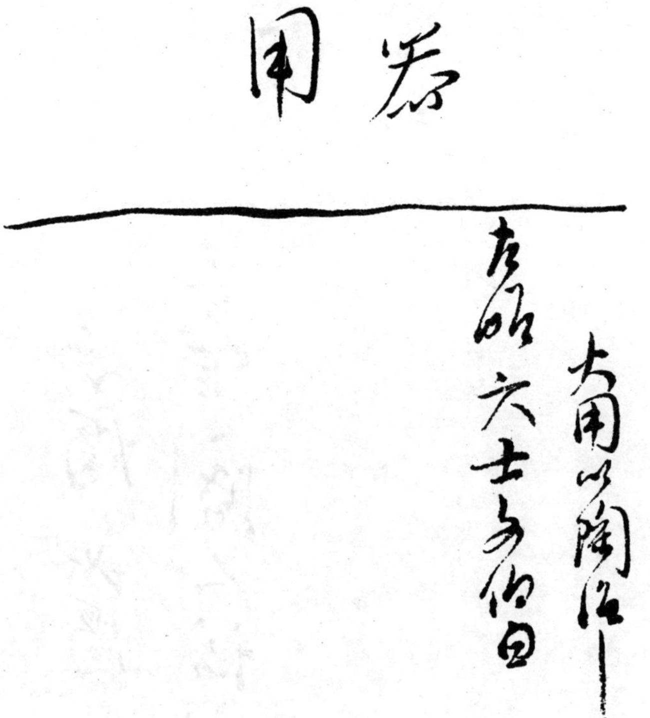

火

手燭 地燭 膳燭 燭

大燭 閽人設門燎

火

備尊者使令也○令力呈反○左佩紛帨刀礪小觿金燧紛帨拭物之佩巾也今齊人有言紛者刀礪小刀及礪礱也小觿解小結也觿貌如錐以象骨爲之金燧可取火於日○紛芳云反或作帉同帨始銳反佩巾也觿許規反本或作鑴音同解結之解燧音遂火鏡拭音式礱力工反右佩玦捍管遰大觿木燧捍謂拾也言可以捍弦也管筆彄也遰刀鞞也木燧鑽火也○捍戶旦反謂射捍遰時世反徐作滯彄苦侯反鞞必頂反鑽子官反偪偪行縢○偪本又作幅彼力反縢徒登反屨著綦綦屨繫也○屨九具反綦其記反注及下同○

疏 子事至著綦○正義曰自此以下至不敢私祭以上揔論在內法則子事父母婦事舅姑男女出入之禮長幼相事之法其文既多各隨事節而解之自子至著綦以上遂論子事父母之法也此子謂男子知者以經云端韠紳搢笏故也或盥漱者盥謂洗手漱謂漱口此據年稍長者若其孺子則晏起而不能雞初鳴也笄者著縰既畢以笄插之熊氏云此笄謂安髮之笄以縰韜髮作髻既訖橫施此笄於髻中以固髻也故士喪禮云笄用桑長四寸纋中是也纋中謂殺其中使細非同冠之笄故文在冠上且玄冠有纓約士冠禮有纓者無笄問喪云親始死雞斯之時去玄冠而有笄縰是知笄縰不得爲冠總者裂練繒爲之束髮之本垂餘於髻後故以爲飾也此經所陳皆依事先後櫛訖加縰縰訖加笄笄訖加總然後加髦著冠冠畢然後服玄端著韠又加大帶也○

十三經注疏 禮記二十七 內則 一

左佩紛帨刀礪小觿金燧者皇氏云左旁用力不便故佩小物○右佩玦捍管遰大觿木燧者皇氏云以右旁用力爲便故佩大物○注縰韜至事也○正義曰縰韜髮者也士冠禮云緇纚廣終幅長六尺鄭云纚一幅長六尺足以韜髮而結之矣盧云所以彖髻承冠以全幅疊而用之未知孰是盧說爲優云緌纓之飾也者結纓頷下以固冠結之餘者散而下垂謂之緌云端玄端士服也者特牲禮士祭服玄端故云士服也云庶人深衣者以深衣是服之最下者庶人是人之賤者故知服深衣也云紳大帶者其制備於玉藻云笏所以記事也者玉藻文其制亦備於玉藻○注紛帨至於日○正義曰鄭恐人不識佩巾當鄭之時齊人呼佩巾爲紛故鄭指而言之云今齊人有言紛者是也云刀礪小刀及礪礱也者鄭恐刀礪是一物故明之云小刀及礪礱也知小刀者與小觿連文故知也○注捍謂至火也○正義曰拾斂也故鄉射大射射謂之遂射罷謂之拾拾是收斂之意也云遰刀鞞也者此刀大於左廂刀也云木燧鑽火也者皇氏云晴則以金燧取火於日陰則以木燧鑽火也○注綦屨繫也○正義曰皇氏云屨頭施繫以爲行戒未知然否或可著屨之時屨上自有繫以結於足也故鄭注士冠禮黑屨青絇云絇之言拘也以爲行戒○

○婦事舅姑如事父母雞初鳴咸盥漱櫛縰笄總衣紳笄今簪也衣紳衣而著紳○如父母一本作如事父母衣紳如字又於既反注同簪徐側林反又作南反左佩紛帨刀礪小觿金燧右佩箴管線纊施縏袠大觿木燧縏小囊也縏袠言施明爲箴管線纊有之○箴之林反線本又作綫息賤反纊音曠縏字又作鞶同步干反袠陳乙反又作帙囊奴郎反又作橐徐音託弭爲于僞反○衿纓綦屨衿猶結也婦人有纓示繫屬也○衿嬰本又作紟其鴆反注同嬰又作纓

疏 婦事至綦屨○正義曰此一節論女事父母婦事舅姑所服之衣所佩之物皆異於男子之事各依文解之○注笄今至著紳○正義曰云笄今簪也者謂婦人之笄與上男子笄縰故於此始云笄今簪也則與士冠禮男子爵弁皮弁笄同故鄭注冠禮亦云笄今之簪也則喪服女子吉笄尺二寸也云衣紳衣而著

火

摩火

自然之火
- 火山
- 亢旱時樹相摩自焚
- 雷擊木

取火之法
- 撞擊火石
- 摩擦
  - 摩
  - 鋸
  - 鑽

火之用
- 熟食
- 工作
  - 倒大樹
  - 鑿獨木舟
- 取暖
- 防圍
- 免恐怖

糧第加陵石上

弘史源論　一〇六

庭燎美宣王也因以箴之。諸侯將朝宣王以夜未央之時問夜早晚美者美其能自勤以政事因以箴者王有雞人之官凡國事爲期則告之以時王不正其官而問夜早晚。燎力照反徐又力燒反箋云在地曰燎執之曰燭又云樹之門外曰大燭於內曰庭燎皆是照衆爲明。箴之金反諫誨之辭朝直遥反下皆同

疏 庭燎三章章五句至箴之。正義曰因以箴之者言王雖可美猶有所失此失須治若病之須箴三章皆美其勤於政事譏其不正其官是美而因箴之事也宣王既在變詩此言美而箴之以下規誨爲衰失之漸而首則六月采芑末則斯干無羊並不言美者敘以示法見宣王中興置斯干無羊於末見終善以隱之詩承刺後不可復言其美故去美以示意既末不言美故首亦去美令始終相準且見宣王賢君其詩可以次正故終始不言美其闕則各從其實也以此王勤政事而不正其官美大過小得中有失故美而因箴之汾且如則刺大專小失中有得故刺而因美爲所以相反也

○傳諸侯至早晚。正義曰王有雞人之官凡國事爲期則雞人告有司以其朝之時節有司當以告王不須問今王問之由王不正其官而問夜早晚非度之宜所以箴之也凡國事爲期則告之以時周禮雞人職文也注云象雞知時告其有司主事者也雞知一言之內兼有箴美者以其篇更無箴刺之文夜如何其是問夜之辭天子備官任使而親問時節非王者之法故知此即箴也卒章是朝之正時知不得時而美失時而箴者三章同云夜如何其是王之失得一也不得以時而爲美矣且依時而朝未足爲美明美者美其勤於親問問之則非禮故知此即爲箴也

夜如何其箋云此宣王以諸侯將朝夜起曰夜如何其問早晚之辭。其音基辭也夜未央庭燎之光。君子至止鸞聲將將。央旦也庭燎大燭君子謂諸侯也將將鸞鑣聲也箋云夜未央猶言夜未渠央也而於庭設大燭使諸侯早來朝聞鸞聲將將然。央於良反說文云久也已也王逸注楚辭云央盡也將七羊反本或作鏘注同且七也反又子徐反又音疽經本作旦鑣表驕反又必苗反渠其據反

疏 夜如至將將。正義曰宣王以諸侯將朝遂夜起問左右曰夜如何其其語辭言夜今早晚如何乎王問之時夜猶未渠央矣而已見庭燎之光言於時即是庭設大燭以待諸侯其君子諸侯以庭燎已設皆來至止入聞其鸞聲將將然王勤政事誠可美矣而不正其官失人君之道故箴之。傳央旦至大燭。正義曰未央者前限未到之辭故箋云夜未央猶言夜未渠

央也故漢有未央宫詩有樂未央傳言央旦者旦是夜屈之限言夜未央者謂夜未至旦非謂訓央爲旦故王肅云央旦未旦夜半是也二章夜未艾艾久也毛意艾取名於耆艾艾者是年之久從㓜至艾爲年久似從昏至旦爲夜久昏似㓜旦似艾言夜未於久亦是未至於旦未艾與未央其意同也但下章言晨則三章設文有漸未央先於未艾也此夜未旦者作者言王問夜之時節耳非對王之辭也若對王未央王應更寢何當設燭以迎賓以此知非對辭也庭燎者樹之於庭燎之爲明是燭之大者故云庭燎大燭也秋官司烜云邦之大事供蕡燭庭燎注云樹於門外曰大燭門内曰庭燎不同者以彼燭燎别文則設非一處庭燎以庭名之明在門内故以大燭爲門外以文對故異之耳其散則通也郊特牲曰庭燎之百由齊桓公始也注云僭天子也庭燎之差公蓋五十侯伯子男皆三十是天子庭燎用百古制未得而聞要以物百枚并而纏束之今則用松葦竹灌以脂膏也

礦物

盎齊今翡翠 求古録禮説十二筓瑱考

古玉石通稱又多非純玉 同上又十四芳叔瓶瑤考

瓊非玉亦非赤色 同上筓瑱考

玉可通稱貝 同上十一表禮飯含考

廿物

廿始於自然金屬 鎔化之始

火化人類學 148 149

[illegible]壽荀子言廿之始似在此 所謂發而出

水金從之也 古之金為上 但始為方廿方刈

剖刑而已 楚之金銅鄭 吳劍 其名在秋

戰國時猶然也

原工

工冶自然金屬與化物混合者爲工須鎔鍊發明較難

自然金屬甚多如自然銅所在而是

工物之發明其初當由偶然合工之物偶然燒熟

工物進一以石擊之則成薄片進而知範更進以泥爲範以可鑄中空之器

青銅當以舊之由偶然采銅其地適有錫而此鎔合鐵知煉之不易知

如金屬且鎔採難故此

初多用以妝飾以爲兵器之具者少

越取銅錫

此擬附此法不得行

胎銅

見山經注廿六五

勉案似是自然銅

越绝书宝剑篇风胡子论剑 轩辕神农赫
胥之时以石为兵（旧石器） 黄帝之时以玉为兵（新石器） 禹之
时以铜为兵（铜器） 当此之时以铁为兵（铁器）

中國銅鐵器之盛衰

中國考古學史92 3人

古銅器所表中國度印度支那

見惟將異觀若果是一冊之三葉